INTRODUCING WITTGENSTEIN: A GRAPHIC GUIDE
by JOHN HEATON AND JUDY GROVES
Copyright: TEXT AND ILLUSTRATIONS COPYRIGHT
© 2013 ICON BOOKS LTD
This edition arranged with THE MARSH AGENCY LTD
Through BIG APPLE AGENCY, INC., LABUAN, MALAYSIA.
Simplified Chinese edition copyright:
2021 SDX JOINT PUBLISHING CO.LTD.
All rights reserved.

维 特 根 斯 坦

Introducing Wittgenstein:
A Graphic Guide

约翰·希顿（John Heaton）
朱迪·格罗夫斯（Judy Groves）/ 著
徐向东 / 译 陈玮 / 审校

Simplified Chinese Copyright © 2021 by SDX Joint Publishing Company.
All Rights Reserved.
本作品简体中文版权由生活·读书·新知三联书店所有。
未经许可，不得翻印。

图书在版编目（CIP）数据

维特根斯坦／（英）约翰·希顿（John Heaton），（英）朱迪·格罗夫斯（Judy Groves）著；徐向东译. —北京：生活·读书·新知三联书店，2021.8
（图画通识丛书）
ISBN 978 – 7 – 108 – 07203 – 0

Ⅰ.①维… Ⅱ.①约… ②朱… ③徐… Ⅲ.①维特根斯坦（Wittgenstein, Ludwig 1889-1951）– 传记 Ⅳ.① B561.59

中国版本图书馆 CIP 数据核字（2021）第 141334 号

责任编辑	黄新萍	
装帧设计	张　红　康　健	
责任校对	陈　明	
责任印制	徐　方	
出版发行	生活·讀書·新知 三联书店	
	（北京市东城区美术馆东街 22 号 100010）	
网　　址	www.sdxjpc.com	
图　　字	01-2019-1203	
经　　销	新华书店	
印　　刷	北京隆昌伟业印刷有限公司	
版　　次	2021 年 8 月北京第 1 版	
	2021 年 8 月北京第 1 次印刷	
开　　本	787 毫米 × 1092 毫米　1/32　印张 5.75	
字　　数	50 千字　图 174 幅	
印　　数	0,001 – 8,000 册	
定　　价	38.00 元	

（印装查询：01064002715；邮购查询：01084010542）

目 录

009 在英国曼彻斯特大学学习工程
011 剑桥大学
016 孤独
018 第一次世界大战
026 《逻辑哲学论》
032 事实不是事物
034 事实、图像与事态
035 关于非存在命题的真理
036 名称、对象与概念关系
038 哲学与科学
041 思想是什么?
045 自我问题
047 无我
048 伦理学
050 什么是幸福?
063 一幢完美的房屋
064 坠入爱河?

066 维特根斯坦逻辑学的缺陷
067 维也纳学派
070 维特根斯坦如何教学?
072 再次坠入爱河
077 个性
080 《逻辑哲学论》之后
081 《哲学研究》
082 哲学是什么?
084 用研究来治疗
086 理所当然
087 方法
089 语言的催眠术
090 对幻觉的治疗——描述
102 语言和思想
104 说出一个想法
110 语言游戏
112 我们能站在语言之外吗?

114 指向

118 我们的起源

124 家族相似

126 根茎或鳞茎？

128 数学与规则

134 内部的和外部的

144 第一人和第三人

150 面相知觉

156 意义盲点

164 确定性

167 河床命题

172 延伸阅读

174 致谢

175 索引

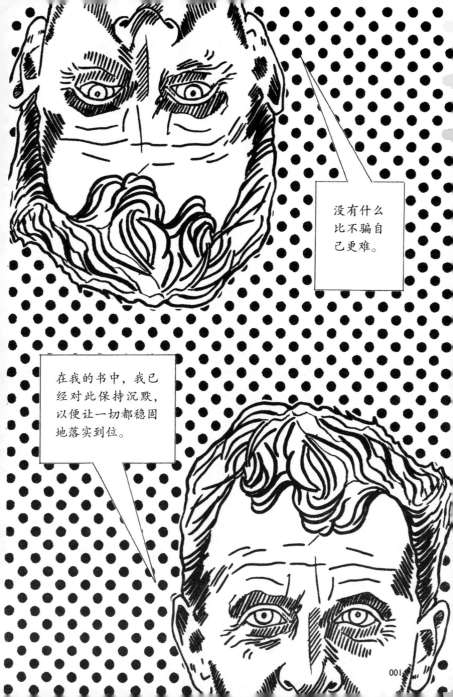

1889年4月26日,一个名叫路德维希·约瑟夫·约翰·维特根斯坦的孩子出生了。他是维也纳哈布斯堡王朝最富有的一个家庭的第八个孩子,也是最年轻的一个。他的父亲卡尔(1847—1913)具有犹太血统(卡尔的父亲已皈依新教),他的母亲莱奥波迪内(1850—1926)——人们称之为"波迪"——是天主教徒。路德维希在天主教堂受洗。

父亲是钢铁工业巨头,因其巨富而被称为"奥地利的卡内基",这个家庭因此能够过上贵族般的生活。他们在维也纳林荫路(即现在的阿根廷路)的住宅被称为"维特根斯坦宫殿"。他们在维也纳郊区还有一栋房子以及一大片房产。

维特根斯坦家族处于19世纪末维也纳文化生活的中心。

路德维希是在音乐家庭中长大的。他孩提时代的家中有七台三角钢琴。作曲家勃拉姆斯和马勒是晚间音乐活动的常客,年轻的帕布罗·卡萨尔斯在那里演奏。一位兄弟成为著名的音乐会钢琴家。卡尔退休后成为视觉艺术的一位重要赞助人。在他的一个女儿——一位颇有天赋的画家——的帮助下,他收藏了克里姆特、施勒、柯克西卡以及罗丹的作品。

路德维希，就像其兄弟姐妹一样，受教于私人教师。他安静听话，但有很强的动手能力。

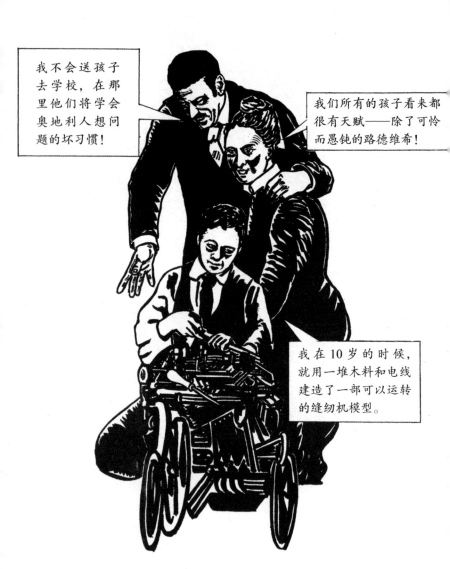

在 14 岁的时候，维特根斯坦被送到林茨一所学术水平很差的学校。与他年龄相仿的阿道夫·希特勒也在那里上学。

在 17 岁半的时候，路德维希去柏林技术大学学习机械工程，这是德国最有声誉的工程院校，在那里他完成了文凭课程。在此期间，他开始写下对自己生活的思考，在一生中的大部分时间里，他都坚持这种做法。

如果我的笔记本要合乎时宜，我似乎就得放下它，走出门外、走入生活，我不需要从地下室向上爬到阳光下，也不需要从某个更高的地方向下跳到地上。

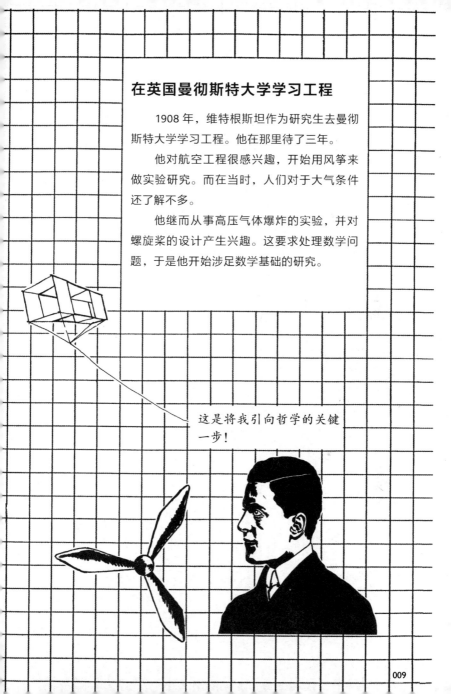

在英国曼彻斯特大学学习工程

1908 年,维特根斯坦作为研究生去曼彻斯特大学学习工程。他在那里待了三年。

他对航空工程很感兴趣,开始用风筝来做实验研究。而在当时,人们对于大气条件还了解不多。

他继而从事高压气体爆炸的实验,并对螺旋桨的设计产生兴趣。这要求处理数学问题,于是他开始涉足数学基础的研究。

这是将我引向哲学的关键一步!

剑桥大学

维特根斯坦于是就去剑桥三一学院,跟随伯特兰·罗素(1872—1970)学习,后者当时是数理逻辑讲师。在这两位伟大的哲学家之间将产生一段充满激情和智识的友谊,二者都因此而发生了转变。罗素出生于备受尊重的贵族家庭。那时他40岁,刚完成《数学原理》(*Principia Mathematica*),这是20世纪最难读也最重要的一部哲学著作,并因此闻名于哲学界。维特根斯坦当时22岁,尽管富有,却默默无闻。

留着小胡子的伯蒂

罗素建议他在假期中就任何哲学论题写一篇小论文。他按照建议做了,在罗素读到第一句话时,他就确信维特根斯坦是个天才。罗素后来写道……

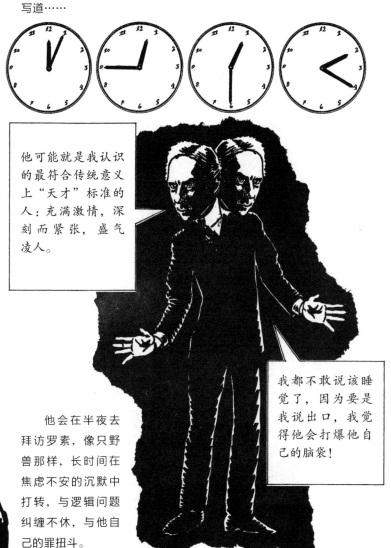

他可能就是我认识的最符合传统意义上"天才"标准的人:充满激情,深刻而紧张,盛气凌人。

我都不敢说该睡觉了,因为要是我说出口,我觉得他会打爆他自己的脑袋!

他会在半夜去拜访罗素,像只野兽那样,长时间在焦虑不安的沉默中打转,与逻辑问题纠缠不休,与他自己的罪扭斗。

罗素开始喜欢维特根斯坦,"就好像他是我自己的儿子",他不得不向情妇奥特琳·莫雷尔保证……

由于取得了惊人的进步,维特根斯坦很快就从门徒转变为罗素的老师。罗素写了一部关于知识论的大部头著作,拿去给维特根斯坦看。

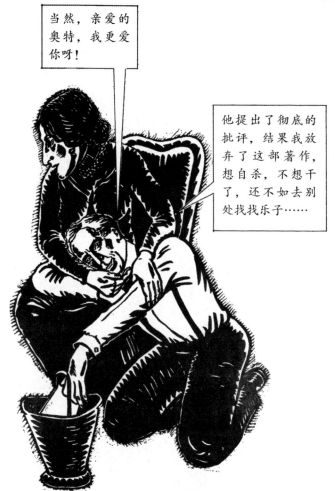

当然,亲爱的奥特,我更爱你呀!

他提出了彻底的批评,结果我放弃了这部著作,想自杀,不想干了,还不如去别处找找乐子……

他决定将逻辑基础方面的工作留给维特根斯坦去做。

维特根斯坦显然是一个难以相处的人，但他在剑桥结交了一些好友。其中的一位密友是大卫·平森特（David Pinsent），一个与他年龄相仿、能够让他冷静下来的家伙，玩音乐，跟他一道去度假。

> 他死于战争中的一场空难。我的《逻辑哲学论》就是题献给他的。

另一位重要的朋友是经济学家凯恩斯（John Maynard Keynes，1883—1946），他很快就认识到维特根斯坦能力卓著。

> 我终生都是他的朋友。

孤独

1913年,维特根斯坦决定独自去挪威生活两年,以便对逻辑进行沉思和写作。罗素试图劝阻他。

那里太黑暗了。

我恨日光。

你会很孤独。

我是在奉上自己的心智,跟有智慧的人们交谈。

你疯了!

上帝让我无法保持清醒!

没错!

于是他去卑尔根北部的峡湾生活。

但是维特根斯坦尚未取得文学学士学位。因此，此时已是朋友的摩尔就去挪威拜访维特根斯坦，记下了他口述的一系列关于逻辑的论述。

你知道，这些笔记顶得上一篇学位论文。

返回剑桥后，摩尔发现学校规定学位论文须包含序言和参考文献，于是写信告诉维特根斯坦这件事。

来信收悉。在就逻辑进行写作时，我还没有考虑这些条例，因此我认为，只有当你不考虑这些条件的情况下给我学位，才算公平！……

如果我不值得在这种繁文缛节下得到例外的处理，那我还不如直接下地狱算了；如果我值得例外处理，但你不给我学位，那么你就会下地狱。

摩尔想必很恼火，但没有回信，因此维特根斯坦并未获得学位。

第一次世界大战

1914—1918年的战争爆发后不久,维特根斯坦就作为自愿枪手加入奥地利军队,被派到东线。

维特根斯坦在青春期就经常思考死亡。他有一个病态的信念,认为自己很快就会死去,因此,若不创作出一部杰作,他就无权活着。

在第一次看见敌军时,他写道……

现在我有机会成为一个正派的人了,因为我正眼睁睁地面对死亡。

他父亲在1913年去世,给他留下了大笔财富。他将大部分遗产给了需要钱的奥地利诗人和艺术家,其中包括格奥尔格·特拉克尔(Georg Trakl)、莱纳·玛利亚·里尔克(Rainer Maria Rilke)以及克尔凯郭尔(Kierkegaard)的译者特奥多尔·赫克尔(Theodor Haecker)。1914年冬天,维特根斯坦收到了特拉克尔(1887—1914)——奥地利最伟大的一位诗人——给他的一个便条,说要在克拉科夫拜访他,当时特拉克尔正在克拉科夫一家部队医院接受精神病治疗。

我赶到那里——但是特拉克尔已经自杀身亡。

WTE TRAURIG!
WTE TRAURIG!
(多么可怜!多么可怜!)

秋天的深林在傍晚哭啼
连同致命的武器和金色的平原,
深蓝色的湖泊,太阳在上面更加阴郁地滚动;
黑夜拥抱即将死去的战士,
以及他们破碎的嘴发出的狂暴哀叹。
然而,红色的云彩静寂地飘浮在牧场上,
云霞中有一位愤怒的神,
流出的血液聚集起来,那阴冷的月光。
条条道路都通向幽暗的腐肉。
[节选自特拉克尔《格罗代克》("Grodek")]

冬天来临了……清晰的景象又不见了。但是我显然就要解决最深奥的问题了,所以答案其实就在眼前!!!问题是,我的心灵在这个时刻却完全看不到它。我觉得自己就站在门口,却因为无法清晰地看到门,从而没能打开它。这是一种格外值得注意的状态,不论是此前还是现在,我都没有如此清楚地体验过。

(1914年11月16日,日记)

1916年3月，维特根斯坦作为一名普通士兵被派到俄国前线的一个战斗队。6月，俄国发动主要攻击，由此开启了第一次世界大战期间最残酷的数次战役。维特根斯坦所在的军团面临这次攻击的主要冲击，伤亡惨重。在他自己的请求下，他被派到最危险的地方——前沿哨所，在那里他都能看到敌人的机关枪。

若在听到枪声时我失去勇气或感到畏惧，那就表明我有一种虚假的生活观……

也许即将来临的死亡会给我带来生命的光芒。愿上帝给我启示。我是一个小人物，但是我可以通过上帝而变成人。上帝与我同在。阿门。

维特根斯坦因为表现英勇而获得了第一枚奖章。他的日记表明,他的思想已经发生了根本转变。他开始理解自己对逻辑的思考如何与他对正确生活的关注相联系。

不错,我的研究领域已经大大拓宽,从逻辑基础到世界的本质。

他被提升为军官,参与了更激烈的战斗。战争结束时,他与30万奥地利士兵一道被意大利人关押起来,3万人在监禁中死于疾病和饥饿。他的家人和凯恩斯为了让他获释而四处奔走,但他拒绝出狱,直到最后一个下属得到释放。

在卡西诺,关押其他队伍的集中营暴发了风寒,我要求将我转到那里去!

但是他已经完成了《**逻辑哲学论**》——他在逻辑学和伦理学方面的思想的巅峰。

维特根斯坦将《**逻辑哲学论**》的手稿寄给几家出版社，但都被拒绝了，其中包括他所在的大学的出版社——剑桥大学出版社，它以拒绝他的所有著作而出名。维特根斯坦后来的著作是由牛津的一家出版社出版的。1922年，在罗素的帮助下，他最终出版了《**逻辑哲学论**》，但是既没有获得版权费，也没有得到版税。这本书不久就成为经典。

《逻辑哲学论》

《逻辑哲学论》这部 20 世纪的哲学经典，是一本只有 70 页的小书，其中包括一系列评论，涉及语言的实质以及世界、逻辑、科学和哲学的本质，以对伦理、宗教和神秘主义的评述而结束。

这本书的写法既保持了逻辑上的精确，也时常体现出诗歌般的强度。

它的语气旨在令人体会到一种无法计量的深度，正是这种深度使我们可以按照恰当的次序来呈现经验与行动。

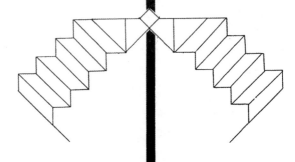

这本书不是一本教科书,不是要向我们提供维特根斯坦的哲学看法等信息。正如他自己在前言中所说:"要是这本书让那些阅读和理解它的读者感到快乐,其目的也就达到了。"

它要被当作一种指引来读:通过把能够说出来的东西清楚地表达出来,从而为思想的表达划定界限。"说得越准确,价值就越大。"

TRACTATUS LOGICO- PHILOSOPHICUS

《逻辑哲学论》

但是,那些我们只能对之保持沉默的东西,才是真正重要的。

这本书被构想为一个有机整体。维特根斯坦批评了哲学中的系统思维,这种思维方式将自身建立在某种基础之上。严格地说,《**逻辑哲学论**》无始无终。我们是在中间开始的!通过让第一句话和最后一句话相互依赖,维特根斯坦向我们展现了这一点。

第一句话是这样的: **世界就是这样。**

最后一句话:

对于不能言说的,我们只能保持沉默。

最后一句话假设唯有事实命题才是有意义的,因此世界只由事实构成。但是,第一句话就说"世界就是这样",它预设了世界*存在*,而按照最后一句话来看,这是不应说出的。

这里有一个想法在一步步地形成和发展,这就是"**可以言说的**事物"和"**只能呈现的**事物"之间的区分。

这本书通过编号系统分为很多部分。它们被安排成围绕数字7来构造的一个复杂的矩阵系统。

	a	b	c	d	e	f	g
I	1.1	1.2	2	2.1	2.2	3	3.1
II	2.1	2.2	3	3.1	3.2	3.3	3.4
III	3	3.1	3.2	3.3	3.4	3.5	4
IV	3.2	3.3	3.4	3.5	4	4.1	4.2
V	4	4.1	4.2	4.3	4.4	4.5	5
VI	5	5.1	5.2	5.3	5.4	5.5	5.6
VII	5.6	6	6.1	6.2	6.3	6.4	6.5

维特根斯坦体验到了现代机械化战斗——总体战的"大战略"——毁灭人性的后果，这种战略在难以想象的恐怖状况中造成了对几百万人的杀戮。对于一个具有工程师的逻辑头脑、却又高度敏感的人来说，群体疯狂这样一种体验能够对他产生什么影响呢？

《**逻辑哲学论**》精确严密，具有近乎神秘的秩序感，这来自维特根斯坦对战壕中无尽的墓地所产生的印象，在一定程度上是他面对混乱与荒芜时，心理上为了保持平衡的反应。

事实	《逻辑哲学论》开篇就说明了世界是怎样的。
不是	世界是事实（facts）的总体，不是事物（things）的总体，它分解成为独立的事实，这些事实将世界划分为不同的部分。
事物	

他的这些格言式的说法并不是指我们在时间或空间中经验到的世界，而是指**逻辑空间**。

这不是一个事实

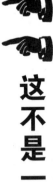

这不是一个事实

这把椅子或那棵树之类的事物不是独立于其环境的，因此不是事实。

事实处于逻辑空间中,是彼此独立的,只能被陈述或断言。

房间中有一把椅子,这是一个**事实**。

事实实事

这里没有河马,这是一个**事实**。

只要事物存在,它们就处于时间和空间中,具有颜色和硬度等性质。

事实、图像与事态

事实可以不同（比如说，房间中可能有一头河马），因此我们必须能够在不考虑如何实现这些可能性的条件下把握它们。

我们可以向自己**描绘**事实。

我们对于事实的描绘反映在语言之中，使我们获得了意义，这样我们就可以如实地说"房间里**没有**河马"。

若要让这变得可能，世界就必须是由简单的对象构成的，它们就像一条锁链中的链环那样彼此相扣，形成**事态**（states of affairs）。

实在（reality）就是这些事态的存在或不存在。

关于非存在命题的真理

维特根斯坦很早就有了这些关于语言和世界的见识。在他就读本科的第一学期，罗素就曾记述："例如，他有一次就认为一切存在命题都是无意义的。"当时是在教室中，罗素请维特根斯坦考虑如下命题……

教室中目前没有河马，我四处看过，没发现河马。

有一只河马。

维特根斯坦早期有一个想法，在**《逻辑哲学论》**中表达得更加清楚，即：只有我们断言某个命题为真且该命题自身不是存在命题时，我们才能谈论存在。

名称、对象与概念关系

那么，在语言中，究竟是什么东西对应着那些共同构成世界之内容的简单对象？

命题中的要素是**名称**或者说**简单记号**，它们以确定的方式组合起来，表达了事物存在的方式。

这些名称不像"约翰"或"巴黎"之类的日常名称。

但是，在语言的实际使用中，命题中的要素或"名称"只能用描绘的方式来加以阐明。

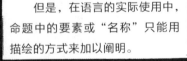

麻烦就在于，我无法给出这种"名称"的任何例子，待会儿你就会明白为什么是这样。

日常名称是通过定义或描述从语言内部来理解的。

由此可见，我们只能通过对日常语句进行逻辑分析来把握**概念关系**，这种分析表明它们是如何由简单对象的组合来决定的。

因此,在最深的层次上就有两个独立的时刻——"组合"这一事实以及"正是对象被如此组合"这一事实。由此我们就可以明白语言如何能被理解,即使我们还没有得到对语言的任何说明。

两个独立的时刻

记住——我们只是对孩子**说话**,而他们学会了如何使用语言。我们并不需要首先说明语言是什么。

啊!明白了!

哲学与科学

至关重要的是,要看到这个论述的神秘性以及它如何不同于自然科学中的分析。

维特根斯坦强调哲学与科学之间的差别。

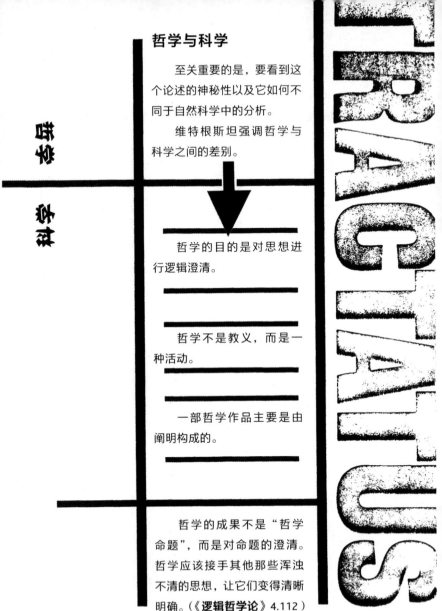

哲学的目的是对思想进行逻辑澄清。

哲学不是教义,而是一种活动。

一部哲学作品主要是由阐明构成的。

哲学的成果不是"哲学命题",而是对命题的澄清。哲学应该接手其他那些浑浊不清的思想,让它们变得清晰明确。(《**逻辑哲学论**》4.112)

哲学的使命是**批评**。它澄清有意义的语言的限度。

另一方面，科学则是由一切真命题构成的。它研究事态的存在或不存在。

科学是在意义和语言的内部运作的。

因此，如果我们问一位化学家"水是由什么构成的？"，他就会回答说是由氧和氢构成的，而且，他可以证明这一点。

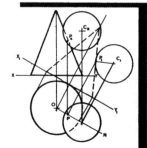

在几何学中，我们可以说一条线是由无数个点构成的，由此可以得出很多推演。

维特根斯坦的分析不像科学家的分析。

他感兴趣的是意义和语言的限度。

意义和语言的限度

> 这就是为什么我不能给你举出"简单对象或名称"的例子。名称只出现在**命题的语境**中。

在这个意义上,名称不是贴到对象上的标签,而是受制于与其他名称的组合规则。

我们也不能表明简单对象,因为空间和时间是对象的**形式**。

对象构成世界的内容——它们包含一切境况的可能性。

所以,我们甚至不能说对象存在或不存在,因为它们不是事实或事物。

只要它们帮助我们阐明命题的本质,它们就是有用的。

命题是重要的,因为它们阐明了思想。

思想是什么？

思想是事实的逻辑图像，而命题是用我们能够阅读或听到的方式对思想的表达。那么，逻辑图像是什么呢？

想一想留声机唱片。它由塑料底板上的各种压线构成。当唱片被播放时，压线中所包含的信息就在音乐中再现出来。

所以，唱片上的空间模式必定与音乐中音符的听觉关系分享了某个**形式**。音乐、乐谱、音乐的数码录音和模拟录音都享有**同源的形式**，但是没有办法将这个形式再现出来。

同源的形式只是在各种具体表现中显示自身。

同样，逻辑图像之所以描绘了事物存在的方式，是因为它与实在分享了同样的形式。

换句话说，你无法**显示**思想。

让我们更进一步看看逻辑。

如我们已经说过的，思想是逻辑图像；但是一幅图像可以是真的或假的。我可以想……

这是一个完全合乎逻辑的思想，但并不是真的，因为只要我看一下，我就看不到鹰。

所以，逻辑不是关系到某个东西是不是这个样子，而是关系到某个东西的**存在**，即这个世界存在，而不是什么东西都没有。

逻辑使我们能够做出真的或假的陈述，但对于世上存在的东西不置一词。

逻辑是一面巨大的镜子，它映照出世界的本质但又无法说那是什么。

另一方面，常识和科学则告诉我们世上有什么。

逻辑命题的两种极端形式是有启发性的，即逻辑矛盾和重言式。

如果我说，"他既是一个人又不是一个人"，那么这就是一个**矛盾**（contradiction），假如"人"在该命题的两个部分都是指同一个东西的话——例如，第二个"人"并不是指"一个懦弱的人"。但是，我们不能为了看到这个命题是不是真的而将它应用于世界。

天在下雨
或不在下雨

如果我说，"我知道天或是在下雨或不在下雨"，那么这就是一个**重言式**（tautology）。重言式与矛盾相反，因为无论如何它都是真的，但它没有说什么东西，因为它并不应用于任何特定事物。它就类似于刘易斯·卡罗尔（Lewis Carroll）的《蛇鲨之猎》（Hunting of the Snark）中贝尔曼的地图："完全的、绝对的空白。"

重言式和矛盾其实根本就不是命题，尽管它们看起来好像是命题。它们什么都没有说，因此缺乏含义。它们并不传递信息，但是由于它们显示了逻辑的性质，因而十分重要。

它们并不传递信息。

维特根斯坦论证说，所有的逻辑命题都可以归结为重言式。

逻辑显示逻辑形式，但并不说明世界上有什么。它展示（exhibit）世界。

逻辑记号表达自身，并不存在逻辑对象。

另一方面，假若日常命题是真的，它们就显示了事物的状态，并且表明事物确实就是那样。

自我问题

唯我论(solipsism)是这样一个信念,即一个人自身是知识的唯一真实对象,或者实际上是唯一存在的东西。

你知道,唯我论含有真理的萌芽。

有吗?想想看给我写信的那位女士,她说自己是唯我论者,但却惊奇地发现这样的例子不多了!

嗯嗯!

在某人劝说下认为只有他/她才存在,或者对其他人(甚至是自己)论证说只有自己才存在,这显然是一派胡言。

但是,唯我论者相信的那个唯一存在于世上的"自我"是谁呢?我们可以用视觉来打个比方。

我们说,"我看见一棵樱桃树",但是我们能看到看见樱桃树的那个"我"吗?

我往镜子里看。我可以看见自己的眼睛,但是我能看到看见眼睛的那个"我"吗?

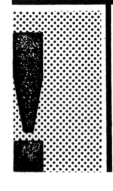

现在考虑一个想法。除了一个想法外,你能发现一个思考者吗?除了一个想法外,我能"想"一个思考者,但是,要是我再仔细地想想,我就会认识到这只是我正在思考的另一个想法。

无我

并不存在"我"。

并不存在"我",不存在自我或主体——它在世上独一无二,在看、在想,并将意义赋予其所看、所想。但是存在着一门思想语言,"我"是它的形式上的基准点。

所以,当我说"我想"的时候,我就已经就位了。

主体在这个世界上是找不到的,但是"我"在世界中具有大量经验。

我所经验的是**我的**经验。这就是唯我论的真谛,但这并不意味着我的经验是我的所有物,因为并不存在拥有它的主体。

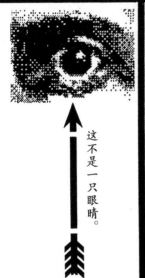

这不是一只眼睛。

我与这个世界相一致,但是我的世界是独特的。

我是世界的界限,但是我没法围绕它画一个界线,因为若要这样做,我就必须能够跳出它,而这是我做不到的。

伦理学

按照《**逻辑哲学论**》的分析，世界完全是偶然的。它是彼此独立的事态的聚集体。我们在各个事件之间所经验到的"因果连接"，只是迷信。

"偶然的"即不确定的，附带的，有条件的。

因果关系不是自然所遵循的法则，而是用来构造科学命题的形式。

没有什么东西因为一件事情发生了而强制另一件事情发生。唯一存在的必然性是*逻辑*必然性。我们关于世界的整个现代概念都立足于一个幻觉，即：所谓的"自然法则"就是对自然现象的说明。（《**逻辑哲学论**》6.37-.371）

什么是幸福？

当我们正确地看世界的时候，我们就明白了一件事情，即：并不存在任何在想、在相信、在感受的"心理自我"。只要心理状态是可以描述的，它们就是世界的一部分。它们是地地道道的事实——比如说，我在想某事，我在感觉某个东西，等等。

但是幸福不是心灵的一种状态。它与"感觉不错"不是一回事，它也不是判断或反思。因此并没有将幸福与不幸福区分开来的物理标准或心理标准。幸福取决于我认识到世界之**意义**的限度，而不取决于任何事实。

幸福之人的世界与不幸福之人的世界完全不同。

世界是我的世界，我生活的方式决定了它的结构，并使我得以正确地看待它，也就是说，将它看作一个有限的整体。

心理学与其他科学处于同样的层次，因为其命题，就像其他科学的命题那样，都同样是在描述"是"或"不是"的东西。

这显然与20世纪西方人的共同信念相反，他们相信心理治疗可以带来幸福。

> 因此，幸福并不是心理学所关注的问题，正如它不是物理学或古生物学所关注的问题。

既然能够被言说的东西限于事态的存在或不存在，而事态无一例外是偶然的，因此伦理命题就像逻辑命题那样缺乏意义。它们**显示**但不能**言说**。

所以，伦理学命题是不可能存在的。命题不能表达更高的东西（《**逻辑哲学论**》6.42）。显然，伦理学是不能用语言来表达的。伦理学是超验的（《**逻辑哲学论**》6.421）。

因此，如果《**逻辑哲学论**》的要旨是伦理的，却又是由命题构成的，那么，撰写或阅读它还有什么意义呢？

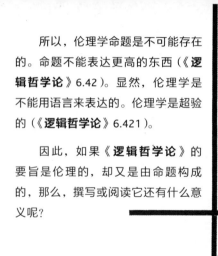

我的命题通过以下方式阐明：任何人只要最终理解了我的意思，那么，当他用过这些命题并超越它们之后，就会承认它们是无意义的。（可以这么说，用梯子爬上去之后，他就必须扔掉梯子。）(6.54)

在1929年的一场演讲中,维特根斯坦澄清了他的伦理学。他将"好的"这个概念的**相对**用法和**伦理**用法区分开来。

如果我网球打得很糟并因此而受到批评,那么我可以回答说,"不错,但是我觉得这样挺好"。

但是,如果我习惯撒谎并且觉得这样挺好,那么大多数人就会说……

说谎!那可不好——你不应当觉得这样挺好!

但是,这个"应当"不能被翻译为一个事实陈述。例如,我总是能够找到理由继续撒谎。因此这个"应当"表明的是一种**绝对的**东西。

不可能有伦理学的科学或理论,伦理学不可能被教授或说明。

如果某人真的能写一部关于伦理学的著作,而这本书确实是关于伦理学的,那么它就会炸毁世界上所有其他书籍。

尽管如此,我们还是可以试着阐明绝对价值。维特根斯坦用三种不同的方式来指出语言的限度。

指向绝对的 **存在**

在世界的存在面前感到惊讶的经验。

指向 **主体**

无论发生什么都感到绝对安全的经验。

指向 **伦理学**

因为无法达到某种我们无法明确提出的绝对要求而感到内疚的经验。

这些都是经验,因此都是**事实**。但是谈论它们是无意义的,因为它们指的是不可能在世界上存在的状况。比如说,我们不可能是绝对安全的。

事实不可能包含任何绝对价值。不过,对某些人来说,这些经验似乎指向了它们之外的某个东西,其他人则可能诉诸不同的经验,而后者的主调是崇高。

我们无法**描述**语言和世界的限度,也无法向某人指出其限度。我们对自己也无法这样做。

在我们能够理解作为一个有限整体的世界之前,我们不得不走自己的路,面对那些无意义的命题。

不管我们读了多少东西,在这方面我们都得不到什么帮助。因此**《逻辑哲学论》**序言的第一句话是这样说的:"也许只有具有本书所表达的思想——或者至少类似的思想——的人才能理解本书。"

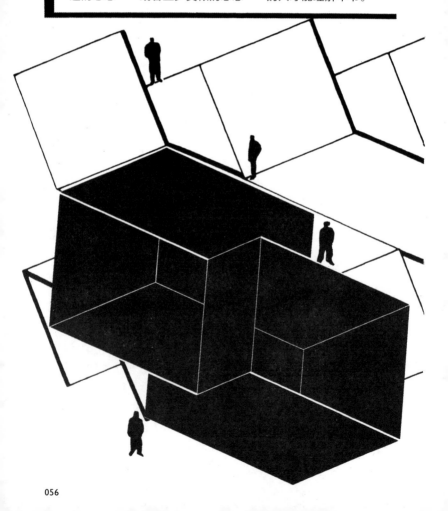

坛子轶事

我把一只圆形的坛子
放在田纳西一座山上。
凌乱的荒野
环绕那座山。

荒野向坛子涌起,
四处蔓延,不再荒凉。
圆圆的坛子耸立在地上
高高地立于空中。

它君临天下。
这只灰色无釉的坛子。
它不曾产生鸟雀或树丛,
不似田纳西别的事物。

华莱士·史蒂文斯(Wallace Stevens)

> 既然《逻辑哲学论》已经解决了所有的哲学问题，我就要去当小学老师了。

如今他想在乡下的穷人当中生活和工作；微薄的收入、富有的内在生活才是他努力遵守的生活准则，也是他试图教给学生的理想。

他天生就是当教师的料，尽管不太正统。他并不照本宣科，而是靠问题来引导孩子。

他让孩子们制造了一台蒸汽机，通过组装猫的骨架来学习解剖学，通过观察夜晚的星空来学习天文学，等等。

他尤其强调数学，教孩子们学习比同年龄阶段更高深的数学。

他在维也纳南部的乡村学校教书。
但是他在村民中并不受欢迎。

假若一个女孩无法理解代数基础,他往往会揪女孩的头发!

他给罗素写信说道……

于是他离开去其他村子教书,但当地人对他的反应也差不多。

在这个时期,他写了一部供小学生使用的拼写词典,该书获得了一定的成功。

1926年,他放弃教书——这让村民们松了一口气,却令地方学校巡视员感到遗憾,因为他们很看重他当教师的能力。

一幢完美的房屋

从1926年到1928年,他在维也纳参与设计和修建一幢给他姐姐格蕾特的房子。他热烈地赞美维也纳现代主义建筑大师阿道夫·洛斯(Adolf Loos,1870—1933)。

理想的建筑师是一位懂拉丁语的泥瓦匠。

洛斯格外重视设计上的精确和经济。

建筑物必须与其用途相称,仅此而已。

他设计的建筑试图体现现代与古典的关系。

维特根斯坦在昆德曼街建造的那幢房屋绝对具有重要价值,明晰、严格和精确是其特征。

他在建造这幢房屋时可谓一丝不苟;因此,在房屋接近完成之际,他又将一个大房间的天花板向上抬高了3公分,从而达到完全准确的比例。

这幢房屋现在属于保加利亚大使馆文化处。

坠入爱河？

由于建造这幢房屋，维特根斯坦与维也纳社会有了往来。他爱上了一位名为玛格丽特的瑞士女孩，后者是他姐姐格蕾特的朋友。

玛格丽特比他小得多，是一位出生于富裕家庭、活泼可爱、具有艺术气质的女孩，对哲学毫无兴趣。

跟他外出简直就是冒险！
他穿着随便！——瞧瞧他，破旧的夹克，开领衬衫，笨重的靴子！

是啊，我也就是在便宜的咖啡店随便吃点东西。

他们彼此来往了几年，维特根斯坦想跟她结婚。

1931年，她跟他去到他在挪威的房子。

他大部分时间都在祈祷、沉思，留下我孤单单一人。

两个星期后她离开了，决定最好还是不跟他结婚！不过，他们仍是朋友。

维特根斯坦逻辑学的缺陷

在维特根斯坦当小学教师期间,他和一些对《**逻辑哲学论**》感兴趣的哲学家偶尔会有联系,不过在 1928 年后,他意识到《逻辑哲学论》有一些根本缺陷。

皮耶罗·斯拉法是一位马克思主义经济学家,也是安东尼奥·葛兰西(1891—1937,被囚禁的意大利共产党领袖)的密友,他是对维特根斯坦观点的变化产生主要影响的人之一。

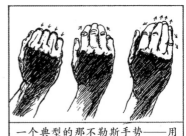

一个典型的那不勒斯手势——用指尖掠过下巴——这表示侮辱。

一个命题及其所描述的东西必定有某个逻辑形式。

哦,是吗?那这个的逻辑形式是什么?

斯拉法的马克思主义观点强调,语言本质上是社会性的和互动性的。他因此对维特根斯坦产生了持久而深刻的影响。

维也纳学派

1927年,维特根斯坦开始与维也纳学派的一些成员聚会。这是一个由哲学家、数学家和科学家组成的团体,由哲学家莫里茨·石里克(Moritz Schlick,1882—1936)担任领袖,他后来被一个纳粹学生刺杀身亡。

鲁道夫·卡尔纳普（Rudolf Carnap，1891—1970）是维也纳学派的一位杰出哲学家，他很好地描述了维特根斯坦的哲学思维方式：

"他的观点，他对待人和问题（甚至理论问题）的态度，都更接近创造性的艺术家而不是科学家；我们几乎可以说，他更接近于宗教先知或预言家。当他开始表述自己对某个特定的哲学问题的看法时，我们经常感觉到当时出现在他内心深处的挣扎，正是通过这种挣扎，他试图在一种紧张和痛苦的压力下穿透黑暗、走向光明，这种挣扎即使在他最丰富的表情中也清晰可见。当他的答案最终出现时（有时候是在漫长的艰苦努力后），他的陈述，就像一件新创造出来的艺术品或者一种神圣的启示那样，屹立在我们面前。这并不是说他武断地断言自己的观点……但是他给我们的印象似乎是，他的见识来自某种神圣的启示，于是我们不禁觉得，对他的见识提出任何健全的理性评论或分析都会是一种亵渎。"

1929年，维特根斯坦返回剑桥。凯恩斯（他一直鼓励维特根斯坦来剑桥）写信给妻子说："好了，上帝到了，火车5点15分到站，我去接他。"

但是，维特根斯坦既没有钱，又没有学位。于是大家决定让他拿《**逻辑哲学论**》去申请博士学位。

他的老朋友摩尔现在是哲学教授了，他和罗素担任博士论文的考核者。考核是一场闹剧，最终维特根斯坦拍拍两位考核者的肩膀，表示安慰。

他获得了学位，在三一学院获得一个五年任期的研究员职位。

维特根斯坦如何教学?

他的教学方式独一无二。

他不作正式讲座,而是在学院房间中、在一小群学生面前自言自语。

有时候,这些会面是他与各种参与者之间的对话。但是他对自己和别人都不会妥协,人们觉得自己所面对的是极度的严肃和深邃的思想。

再次坠入爱河

在成为讲师后不久,维特根斯坦爱上了三一学院的一位本科生弗朗西斯·斯金纳,后者成为他的恋人以及哲学工作的一位重要合作者。

斯金纳是他那个年龄最有前途的数学家,也是一位很害羞、很漂亮、温文尔雅的年轻人,很明显,他注定会走上学术道路。

在路德维希的影响下,我放弃了大学学习,成为一名工厂技工。

他于1941年死于大脑灰质炎,此后很长时间我都感到内疚。在他生命的最后两年,我对他有一些不忠诚的想法。

但是,1946年,维特根斯坦爱上了本·理查茨,他是一位在剑桥学医的本科生,比维特根斯坦差不多小40岁;这场关系给他带来巨大的喜悦,并持续到他生命的尽头。

1947年,他辞去剑桥大学哲学教授的职位,因为他想写作,觉得自己的教学没有什么好成果。

学生想从我这里得到的,不外乎是某种聪明的准则或理论——而这并不重要。

于是他移居爱尔兰,远离"腐朽变质的英国文明"。

他大部分时间生活在西海岸基拉里港口附近的一个小村舍里。在那里他创作了部分最重要的著作。

1949年,维特根斯坦去美国,在康奈尔大学与他以前的学生和朋友诺曼·马尔康姆一道生活。他也和那里的研究生见面。而他的出现造成了巨大震动。

当时在场的人描述了马尔康姆的出场,而且……

"他的手臂挽着一位虚弱的老人,这人穿着防风外套和旧军裤。要不是因为他的面孔散发着智慧的光芒,人们可能会以为他是马尔康姆大冷天在街头碰见并决定领回来的某个流浪汉。"

当人们说出他的名字,"聚集在那里的学生立即发出了一阵响亮的惊叹声"。

此后不久，他就病了，返回英国后，被确诊为前列腺癌。他生命的最后两年是在维也纳、牛津和剑桥度过的，与朋友和家人住在一起。

他继续从事重要的哲学工作，直到最终丧失意识的那一天。

1951 年 4 月，他在剑桥去世。

个性

人们花了很多笔墨来讨论维特根斯坦的个性,而他本人恐怕会很痛恨这种做法。

他是一位让人印象深刻的人物,而人们不断发现,他的朋友、家人和学生总说他是"一位真正的天才""拥有最独立的精神""勇敢无畏""最不神经过敏的人",说他拥有"超强的专注力,而这会让某些人觉得他很冷漠",等等。

人们往往会被他深深地吸引,或是对他反感,因为他待人极为直接,对任何自命不凡都极不耐烦。

- 他身高大约5英尺6英寸，身材颀长。他年轻的时候英俊潇洒、衣着讲究，但是随着年纪渐长，他衣着朴素，不打领带，穿衬衫也不会系严扣子。
- 他的个性和风格都极富魅力，学生往往争相模仿。这令他很痛苦，因为他看重独立的思考胜于一切。
- 他是一个很严肃的人，将全部心血都倾注在自己的事业上。
- 他不算博学，阅读面也不广，他只读自己能够完全消化的东西。他往往一遍又一遍地读自己喜欢的书籍。
- 他很喜欢"冷峻"的美国侦探小说，认为它们比学术性的哲学期刊更有哲学意味。
- 他不信仰传统意义上的宗教，但很看重某些宗教作者和宗教书籍——最容易想到的例子就是奥古斯丁、克尔凯郭尔以及《圣经》。
- 对他来说，最重要的就是善始善终的精神。他的教学方式、他对烹饪的态度、他对待朋友的态度，都是如此。
- 知与行是紧密相连的。
- 他能设计房屋、制作雕塑或指挥乐团。
- 音乐是他生活的核心。
- 他在吹口哨方面极具天赋，能够吹出古典音乐的复杂乐章。
- 巴赫、贝多芬、舒伯特和舒曼的音乐是他的最爱。
- 他对现代音乐不感兴趣。
- 他对未来的展望带有典型的悲观色彩。
- 他强烈厌恶学术生活。
- 他总是回避一切公开活动，并认为新闻界是现代生活的诸多灾害之一。对他来说，现代就是一个黑暗时代。
- 在他看来，崇尚进步以及相信技术会解决我们的一切问题，这些信念是极其错误的。
- 只有改变我们的生活方式——而只有在我们遭遇灾难的时候，这才有可能发生——我们时代的疾病才会被治愈。

他的反应敏捷,有批判倾向,并由此显示出他的判断能力和力量。

因此,当他得知某人正在撰写一篇论述国际联盟为什么会失败的论文时……

"告诉他首先去弄明白狼为什么吃羊!"

当他得知某人确信自己说不出什么创见,从而放弃博士论文的研究工作时……

"就冲他这个决定,他们也应当授予他博士学位。"

某人正在对历史进步发表如下看法时……

"即使看到我们文明中所有丑陋的方面,我也确信,我宁愿像现在这样生活,而不是被迫像野人那样生活。"

"没错,你是宁愿这样。但是野人愿意吗?"

他的著作充满了贴切的图像和类比。

《逻辑哲学论》之后

维特根斯坦的英文著作大概有 20 多种,但实际上只有《**逻辑哲学论**》和两篇短文是经他同意出版的。多数著作是不同的编者从他的笔记本中摘选出来的评论、他的一些讲座和谈话(从学生的笔记中整理出来)以及一些信件——当然都是在他去世后出版的。

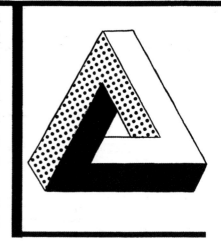

他不断地修改文本,重新表达自己的观点,为了检验其意义而将它们放到不同的语境中。

当他得出一个结论时,他往往会从头开始,从不同的角度重新探索这个论题。就好像他想令一切都保持变化,想要表明工作仍在进行,而不是展示宏大的哲学结论。

我可不希望我的书会让别人省了动脑子的麻烦。相反,如果可能的话,我希望能激发人们自己去思考。

《**哲学研究**》(*Philosophical Investigations*)序言

《哲学研究》

他最著名的著作是《**哲学研究**》，在他去世两年后出版。书中前三分之二的评论是他自己选择和整理出来的。

这是一本精心编选的书，涉及很多主题："意义、理解、命题以及逻辑的概念，数学基础，意识状态，等等。"

就像《**逻辑哲学论**》一样，它的形式也是一系列评论，但是，与前者相比，《**哲学研究**》中的评论往往更长，也不太像格言警句。

一些评论也被写成对话形式，对话者是"另一个自我"，提出各种见解。

这本书比《**逻辑哲学论**》更容易读，因为它没有逻辑符号，但这种"易读"只是假象。

哲学是什么?

维特根斯坦总是对哲学的本质感兴趣,从20世纪30年代以来,他就很清楚,哲学是一种

治疗

——这是对哲学的一种很古老的看法,因为苏格拉底和很多古希腊哲学家就是用这种方式来从事哲学的。

哲学的目的是:"平和的内心。"

我们无法平和地待人待己,是因为我们不易改变那些与"人们的生活方式"相联系的**思想习惯**。

他看到，在语言和生活方式之间有着明确的联系。

> 语言反映了我们的生活方式。

"人类深深地陷入哲学混乱中——也就是说，陷入语法混乱中。若不首先摆脱那些困住他们的、极为多变的关联，人类就不可能获得自由。甚至可以说，你不得不重新设立他们的整个语言。——但是这种语言的确是在不断成长的，因为人曾经而且依然倾向于用那种方式来思考。"

用研究来治疗

《逻辑哲学论》的麻烦在于，它试图洞察万物。

就好像事物的本质对我们隐而不见，我们不得不通过分析去挖掘其中包含的东西。

然后就宣称发现了"不容置疑的、确定的"真理以及"问题的终极答案"。

我的新疗法只是将一切都摆在我们面前，既不说明任何东西，也不推出任何东西。——既然一切都是敞开的，也就没有什么东西要说明。因为，比如说，隐藏起来的东西不会令我们感兴趣……

哲学家的工作就在于为某个特定的目的汇总**注意事项**。

哲学只是个人的特定忧虑,它们被称为"哲学问题"——但不是学院哲学经常认识到的那些问题。

我们常常看不到事物当中最重要的方面,恰恰是因为它们很**简单**,而且对我们而言很**熟悉**。

一个有常识的人在读到比我更早的哲学家著作时,他会说这些是"一派胡言"——他说得很对。等到他听我说话时,他会想:"完全是老生常谈"——他又说对了。哲学的形象就是这样改变的。(《手稿》219,6)

理所当然

维特根斯坦的晚期哲学并不像科学家那样,用尝试性的方式来提出自己的结论。相反,他通过日常语言中那些被认为**理所当然**的形式来进行思考。

> 我这样做,是为了将自己沉浸在怀疑的海洋中,从而更新我的思想能力。

正是这种沉浸将我们从根深蒂固的思想习惯中解放出来。

他想对困扰我们的东西提出一个清晰的看法。

> 哲学问题具有这种形式:"我不知道如何处理。"

他像一位向导,让我们看到自己正在走过什么样的风景,而不是一味埋头看地图。

这就是为什么当他实际上要我们去看的时候,我们只能同意他。

方法

那么,维特根斯坦的治疗方法是什么呢?

他不像很多传统哲学家那样,关心那些旨在确立某个观点的**论证**。

相反,他是在传授一种具有批判性的和破坏性的技能,努力打破我们用头脑来建造的人为统一,以便让我们看到差异。

> 我想用莎士比亚《李尔王》中的一句话作为座右铭:"我教你看到的,是差异。"

虽然确实有各种方法,就好像有不同的治疗方法一样,但是并没有"**一种**"哲学方法。(《**哲学研究**》113)

治疗必须适合于相关的人和所要解决的问题。

与心理治疗相比,维特根斯坦的治疗并不依赖于任何心灵**学说**。

> 我并不想要用"认知过程"、"本能"或"心理机制"来说明事物。

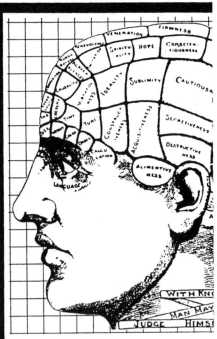

所有这些概念都会让问题屈从于理论,因为理论家往往会通过其理论的眼镜来看问题。

"我们应该取消一切解释,只允许原原本本的描述"。(《**哲学研究**》109)

语言的催眠术

语言是毒药，可以用来引诱我们、误导我们、蛊惑我们，但是，当我们真诚言说的时候，它也能治愈我们。

语言的模棱两可的本性就是维特根斯坦思想的核心。

哲学就是要反对通过语言对理智的蛊惑。

在受到蛊惑时，我们往往就会盯着看——催眠式的注视。

然后我们就会看到虚幻的"本质"，它们其实来自于那些嵌入语言中的图像，却显得像是存在于心灵或世界的深处。

区别和差别消失无踪，"理念弄花了"我们的眼睛。（《**哲学研究**》100）

我们试图把握理念或从深处将它挖出，莫名觉得自己必须设法洞穿现象。

于是我们装模作样，满嘴废话。

对幻觉的治疗——描述

因此，为了反对这些强制，维特根斯坦鼓励我们去描述，方法就是遵循语言的**游戏**。

他所说的"深层语法"并不是现象底下的东西，好比心理分析中的无意识。

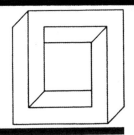

深层语法是在语言自身内部、在对现象的细致表述中被发现的。它令我们得以将有意义的东西和无意义的东西区分开来。

因此，维特根斯坦是在进行**描述**。

- 他会描述那些令我们着迷的图像，让我们看到它们其实无法应用。
- 他会敦促我们去记住，我们是如何教小孩使用词语或短语的。
- 或者让我们看到各种表达在运用中的差别以及其中的联结。
- 或者发明词语的新用法（有时候是荒谬的用法），以帮助我们减轻语言的常规形式对我们的支配。

这个三角形

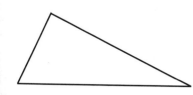

可以被看作
一个三角形的洞，
一个固体，
一张几何绘图，
依靠在底边上，
从顶点上悬挂下来，
一座山，
一个楔子，
一个箭头或指针，
一个被倒转的物体，原来是要靠在直角的较短边上，
半个平行四边形，
以及各种其他东西。
（**《哲学研究》**p.200）

看来我们是把它看作一个解释。但是有可能按照一个**解释**来**看**吗？

思想处于人类生活的核心——而且本应是哲学家特别擅长的东西。

逻辑有时被说成是**思想的科学**，维特根斯坦对这门学科特别感兴趣。

因此，维特根斯坦对思想的探究路径是重要的，而且他也很好地阐明了他的方法。

思想似乎是简单的，直到我们对它加以反思。

> 反思带来晦涩——晦涩来自于研究者自己投下的阴影。

"思考"（to think）究竟是什么？

哦，乍一看我们似乎都知道它是什么。如果有人问道："你对某人或某事有什么想法？"那么，只要我们熟悉所说的人或事，我们都能回答。

如果我们看到某人下棋下得好或者做出了复杂的计算，那么我们知道他**必定**在思考。

我们随口就说："我想天要下雨了"或者"我想我要去度两周假"。

没那么简单。

我们大多数人都会说，猴子、狗和猫是能够思考的，但不如我们做得好。但是苍蝇或海绵能够思考吗？婴儿什么时候开始思考？在子宫中？在一出生的时候？我们又如何确定这一点？

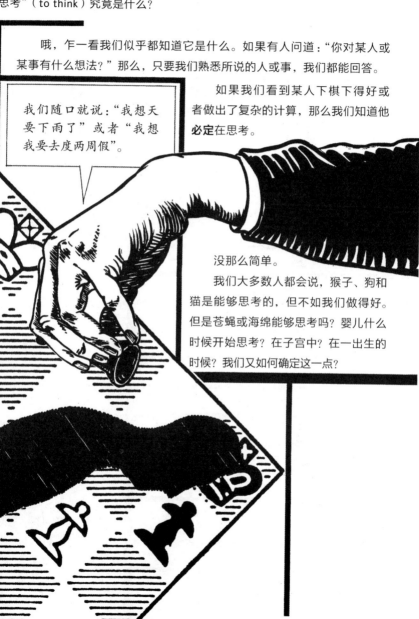

"**思考**,一个很有分歧的概念。一个由生活的诸多表现来构成的概念。思考的现象是很分散的。"

现在,比较这些不同的思考方式。

- 深思熟虑地说话;
- 说而不思;
- 在说话前想想;
- 没想好就说话;
- 边想边说;
- 在想象中对自己说话;
- 想某人;
- 思考解决一个难题的方案;
- 让某个想法出现在脑海中;
- 若有所思地吹某个曲调,然后毫无想法;
- 现在要深思。

"思想"(thought)这个词是一个简单的日常用语,而且似乎与一个简单的活动相对应,但是,当我们试图在不同的情境中来提炼它时,我们发现它毫无规律。我们对它有一个错误的认识。

因为它是**一个词**,所以我们认为它表达一种活动。

我们忘记了一个词的意义取决于它的舞台,即它被使用的场景或环境。

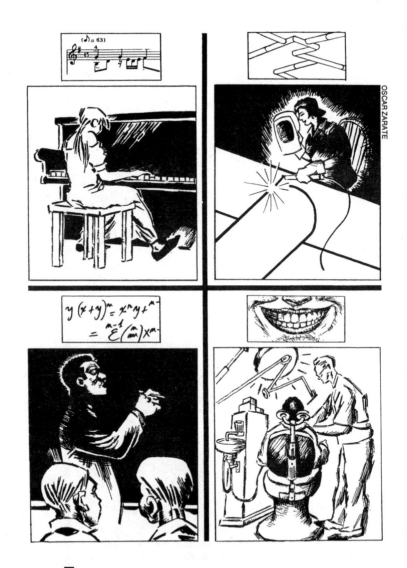

一个人是在某种情境下学会"思考"这个词、学会它的用法的,但是,**一个人并没有学会描述那种情境。**

所以，让我们思考一下"思考"！

它是某种活动吗？

我们说"拼命奔跑"(running hard)，奔跑肯定是一种活动。

在学校里，老师要我们"**认真思考**"(thinking harder)。

那么，我们那时在**做**什么呢？

如果我们皱着眉头、神情凝重，那意味着我们是在认真*思考*吗？

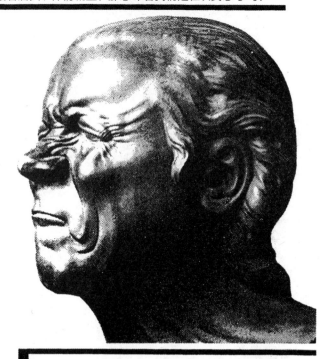

努力奔跑与**努力思考**之间有什么差别？

思考是一种我们无法看到，但出现在心灵中的幽灵般的活动吗？

我们忍不住会想象，当我们在思考的时候，我们实际上可以窥视自己的心灵，观察我们自己。我们所观察到的，就是这个词的含义！

我们想象，我们能够向内指或向内看（通过内省），就好像我们具有某种"内空间"，能够被命名的内在活动就在那里发生。

就好像是在不知道如何下棋的情况下，通过仔细观察上一步走法，我会试着弄明白"将死"这个词的意思。

换言之,为了理解**思想**,我们就需要理解"思考"这个词的**使用**规则。

反之,我们被一个想法迷住了,即:心灵是在无形的空间中运作的,在那里,我们能够"看到"或推断出,思考正在继续。

我们是否可以用"这"(this)来指思想,并因此说"这是思想",正如我们肯定可以用"这"来指奔跑?

我们能够观察各种活动，然后说"这是奔跑"，或者就像在物理学中那样推断出某些过程，然后说"这是粒子旋转"。

但是，我们无法在同样意义上，有意义地说"这是思考"。

假设两个人被要求求某数的平方根。

一人大步走来走去，皱着眉头，用手抱住脑袋，得出了错误结果。

另一人停顿片刻，给出了正确答案。

第一个人努力思考了吗？我们可以说他努力思考了，但是我们也可以说他其实并没有充分地思考。走来走去**不是**思考。

在我们思考的时候，并不**需要**这些——既不需要身体姿势或内在独白，也不需要心理意象。

第一个人可能对自己说了很多话，可能有很多意象，但这并不意味着他在求平方根。

求平方根的各种伴随活动并不等于求平方根。**求平方根才是思想的标志。**

我们并不向内审视自己的心灵，以发现我们是否在思考。真正重要的是，我们的回答是否正中要害。

语言和思想

有时候我们被问道:"那你想什么?"然后我们报告自己所想的东西:"我想了这个,然后想了那个,等等。"在这里,我们是在用一种有序的方式来表达自己所想的东西。

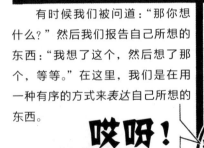

哎呀!

误导性的类比:疼痛的表现是叫喊——思想的表现,命题的表现。

我们可以觉得疼痛而叫出声来。但是,我们会在心里想一个东西,然后把它说出来吗?

我们当然可以不说出来。

但是,**若没有语言**,我们可以内在地产生某个想法,然后把它说出来吗?

若是这样,那就意味着有两个过程——**语言**和**思想**。

但是,当你有思想地说话的时候,你能把思想从语言中孤立出来吗?

就像我们可以感到疼痛而不呻吟那样,我们也可以向内**看到**自己的思想吗?

我们不是通过观察某个过程而把我们所想的东西表达出来,我们是通过思考而这样做,然后也许会吐露自己的想法。

并不存在那种我们随后会将其视作"思想"的精神过程。

我要去度假。

在我这样想的时候,并不需要有什么东西在我的意识中。

如果我自己寻思说:"我8月份要去度假。"那么这个想法就含有自身的意义,在我心中并不需要伴有任何进一步的东西。

说出一个想法

一个想法可以瞬间闪现,但是"说出这个想法"不能这样。

"说出这个想法"并不是"想法"的减速形式。

这可不像拍摄一列飞驰而过的火车,然后慢镜头回放,以便看看火车是什么样子。

思想不像火车车厢那样是分成几部分经过的。我们思考它们。

我们可以有半列火车，但不能有半个思想——但是我们可能是在表达一个思想的半路上，或者无法一下子想出其所有含义。

当思想瞬间闪现时，那就意味着我们突然间看到了要做什么或要说什么，而不是某件事情突然在我们内部发生。

思想的概念不是某个经验的概念。思想更多的是某种指示而不是某个结果。

很多人在"思考"的时候感到头疼，因为他们是用头脑来"思考"的。

很奇怪的是，对哲学家来说，最危险的一个观念是，我们是用头脑来思考或者说在头脑中思考的。思考被认为是在头脑中、在某种完全封闭的空间中发生的过程，而这个观念就向哲学家提供了一种神秘的东西。

维特根斯坦的治疗就是要把我们从这种痛苦的幻觉中解放出来。

人们通常不仅假设我们是用头脑来思考的,而且也假设我们是用语言来交流的,从我们的头脑或大脑传递到其他人的头脑或大脑。

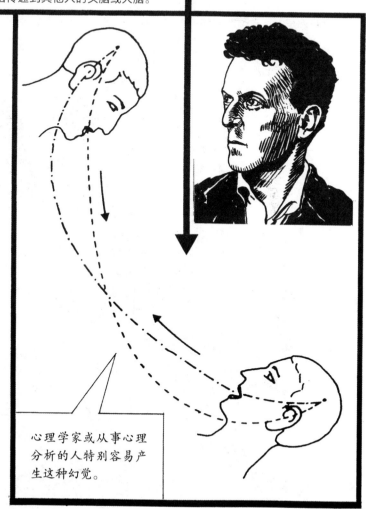

心理学家或从事心理分析的人特别容易产生这种幻觉。

我们已经看到,我们无法将思想从它所伴随的东西中孤立出来。

没有纯粹的思想过程。

我们用语言来交流的不是某种内在过程。

我所想的东西不是*在*我头脑中,正如使之为真的事实不是*在*世界中。

我的椅子存在于世界中,但"那是**我的**椅子"这个事实不是在世界中——它不在任何地方。

同样，当我想"这是我的椅子"时，这个思想并不在**我内部**，尽管它是我的思想。

因此，当我告诉你我所想的东西时，我不是在把思想转移给你。在这样做时，我并未丧失我的思想。我把自己所想的东西表达出来，对你来说，为了理解我想的东西，你并不需要想我所想的，也不需要和我有同样的思想。你可能需要知道我所想的东西并把它说出来，但你并不需要有那个思想或者想那个思想。

语言游戏

《**哲学研究**》开篇描述了一些涉及词语用法的简单状况。

例如,买五个红苹果……

工人们在建筑工地发出和接收指令,以便抬起石板。

这些都是语言游戏的例子。在维特根斯坦20世纪30年代以后的思想中,语言游戏的概念占据了核心地位。

语言游戏突出了我们往往会忽视的、语言使用的特点。

语言游戏是有用的，因为它们是可观察的。它们扩展了语言和语法的概念，以包括那些往往被认为是外在的要素。

语言取决于很多**非语言**的特点，首先取决于人性。

> 例如，若没有幽默感，我们就无法理解"讲笑话"这种语言游戏。
> 此外，大多数幽默都要求与讲笑话的人有一定的熟悉程度。

> 或者，考虑一下我们所使用的、与死亡相关的语言。

> 如果人类同胞的死亡对我们来说还不如苍蝇的死亡重要，那么我们就无法理解各种悼念的仪式和语言。

我们能站在语言之外吗？

当我们"思考"语言时，我们倾向于想象自己能够身处语言**之外**。

于是，人们通常认为，一方面，语言存在于我们内部（不妨这么说），另一方面，实在（reality）存在于我们之外。

电子工业 电信号 电压 电荷 原子 电器 电线 装置 电缆

于是我们就对以下二者之间的联系感到困惑：语言表达式和语言所处理的实在。

有些人经常认为，学习语言就在于习得各种名称来表示不同的实体。

POMME
MELA
APFEL
MANZANA

CHAISE
SEDIA
STUHL
SILLA

这是一把椅子；那是红色的；等等。很像我们习得一门外语的基本词汇。

CLEF
CHIAVE
SCHLÜSSEL
LLAVE

指向

在对我们习得语言之方式的这种描绘中,正是**指向**以及"这"和"那"这两个词确立了词语和意义之间的联系。

于是,"指向"就是将词语和世界联系起来的基本说明形式。

但是,"指向"这个姿势、"这"和"那"这两个词以及被指向的对象,都属于对意义进行说明的语言游戏,都要求使用规则。

所指的对象被用作样板,用来说明什么算作对某个名字的正确使用。

瞧,这是一只兔子——抑或是一只鸭子?

这些姿势和词语都不是外在于语言的,因此不可能是对语言和实在之间的联系的说明。

> 如果我们看到一个骑在马上的人的雕像,他举着剑,用左手指着(某处),我们并不会试图在这座雕像的周围去发现他指着什么。

在这里,我们是在玩一个不同的语言游戏。一座雕像的"指向"(pointing)与用英文向外国人"指出"(pointing out)某些事物,具有不同的含义。

"指向"并没有通过确定意义而将语言与世界联系起来。

手的姿势是语言的器官。

个人、身体和心灵都栖息于语言中。

认为语言和实在（reality）之间存在着"联系"，这整个想法都是**错误的**。

语言是自成一体的。我们无法走出它。

当我们认为语言在一边、实在在另一边，并对它们之间如何联系感到困惑时，我们就忘记了我们是栖居于语言中，只是在想象我们能够"指到"（point at）语言和实在。

我们的起源

大多数人都很想知道我们的起源。

对此,有两个看上去相矛盾的论述。

在《创世记》中,有关于上帝在六天的时间里如何创造天地以及所有生命的说法。

达尔文则说明了,事物是如何从极为漫长的时间中演化而来的,基因突变和自然选择如何成为了演化的机制。

对很多人来说,这两个论述之间存在着无法调和的矛盾。

在这里,语言游戏的概念可以助我们一臂之力,因为它关注的是**行动**,而不是真假。

我们在某些语境中*使用*"真""假"这两个术语。

这主要发生在我们研究某个东西是否如此的时候,例如在进行科学研究的时候。

达尔文受到了科学方法的感染:观察、去伪存真;使用科学研究的方法来说明事物的起源。

但是，为什么不可能有其他方式来说明事物的起源呢？——使用其他的语言游戏，关注其他的实践，而不是仅仅关注区分真假的实践？

如果崇拜和祈祷的行为在一个人的生活中占据核心地位，那么他可能会用不同的方式来回应根本的问题，他可能会发现《创世记》中的论述更真实可信。

他会用与科学家不同的方式来进行探究。
他可能会祈祷自己得到引导。
这不一定会在科学的意义上得到一个答案，因为他是在寻求不同的满足。

因此，在《创世记》和达尔文之间并没有矛盾，但重要的是要明白自己所信奉的观点的本质。

现代人缺乏自知之明，我们缺乏对自己所相信的特定观念的意识，这两个方面都是维特根斯坦所要深刻批评的。

因此，我们往往认为，目不识丁的人们的做法是"原始的"，我们比他们"进化"得更多。

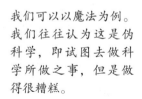

我们可以以魔法为例。我们往往认为这是伪科学，即试图去做科学所做之事，但是做得很糟糕。

我们认为，魔法试图解释自然现象，而这些解释是错误的。

魔法寻求的是不同于科学的满足。它最好被视为一种高度发达的肢体语言，不依赖于假说或证据，也不像科学那样寻求因果说明。

所以，魔法不会像科学那样取得进步。

如果某人害了相思病，某个科学解释并不会给他带来安宁，但是恰当的肢体动作可能会有帮助。

如果我们亲吻自己所爱的人的肖像，我们并不是在尝试对我们所爱的人施加影响。这样一个吻并不旨在取得什么；我们只是这样做，然后感到满足。

因此，至关紧要的是*推动我们行动的精神*，语言游戏的概念澄清了这一点。

人们不会用对待葬礼的方式去对待风流韵事。

你也不会本着科学研究的精神去研究你的伴侣是不是爱你。

语言游戏的概念让人们注意到推动我们行动的精神，也因此阐明了魔法。

家族相似

"我们越是仔细地审视实际语言,它和我们的要求之间的冲突就变得越尖锐……我们已经走在了滑滑的雪面上,那里没有摩擦,所以,在某种意义上条件是理想的,但我们也因此而无法走路。我们想走路:所以我们需要**摩擦**。回到粗糙的地面上!"(《**哲学研究**》107)

当我们开始思考"生活""时间""空间""心灵""身体""意义""自由意志""善"等宏大的哲学问题的意义时,我们就被语言迷惑了。

在谈话时,我们将词语从其自然位置上抽取出来,并假设它们指称着某个我们试图定义的本质或理想实体。

因为一个词语具有统一的外观,我们就假设它指称我们所能概括的某个统一实体。

我们忘记了这个词的**应用**。

我们以"好"（good）这个词为例。在好笑话、好的网球手、好人、感觉良好、好的意志、良好的教养、长得好、一无是处（a good for nothing）当中，究竟有什么共同之处呢？

并不存在"**好**"这个词所指称的共同性质。

我们不可能分析这个词，无法由此得到用来建构这个概念的某个本质或要素。

> 但是在这个词的各个意义之间存在相似之处——就像家族相似性。

当我们看看某个家庭的成员时，我们就能看到他们都有某些共同的特点，例如面部特征、肤色和发型、步态、气质以及说话的方式等等。

我们给出相似性的例子，但不会试着去定义它们，因为不存在截然分明的界限。

那就像一根绳子，其强度并不在于任何一根纤维，而在于很多纤维的交织。

根茎或鳞茎？

语言游戏和家族相似是维特根斯坦晚期思想的核心概念，并令其思想变成*根茎式的*而不是*树木状的*。

大多数传统哲学都像一棵树。它寻求的是将其对象建构出来的根。它想发现事物的根本原则，因此按照同样的或有规律的东西去说明那些不同的和无规律的东西，从而将不守规矩的东西置于某个规则之下。

而根茎（鳞茎和块茎）更像网络，是一种在形式上变化多端、朝各个方向产生分支的多样性。

其中任何一点都可以与其他点相联系。

进化之树

并不存在任何自身封闭、堪当基础的理想点。

随着联系的增加，它的本性也将改变，但仍然跟随世系。

它可能破裂或折断，但又跟随另一个世系而生长。

它不适合用任何结构模型或生成模型来说明。

在考虑心理概念时，家族相似的概念尤为重要。

我们已经看到"思想"的一些复杂性。但是，"知道""希望""意图""相信""意指"也不是用典型的标志来定义的。

比如说，当你怀有某种希望或意图时，你的心灵中发生了什么？

你不可能指向某个特定的"希望"或"意图"经验，因为它们在经验内容上并没有什么不同，却是两个极为不同的概念。

我们使用这些词语的**环境**提供了线索。

特异性（specificity）不属于**经验**，而属于**语言游戏**，后者使我们能够谈论或表达我们的欲望、意图、意义等等。这些例子属于**同一类**，因为它们都发生于"心灵当中"，但它们彼此间具有复杂的亲族关系。

意义取决于表述（articulation）而不是表征（representation）。

特定的东西总是取决于语言游戏，只能在语言游戏当中来加以表述。

数学与规则

对很多人来说,数学看来就是纯粹和真理的精华。

> 3×3=9 似乎表达了一个绝对为真的命题,是不能加以质疑的。

整个数学好像都反映了一个无情的事实:我们爬得越高,事情就越抽象,尽管仍然是真实可信的。

它就像是一种全局的算法,按照被传授的初步知识来判定必然真理。

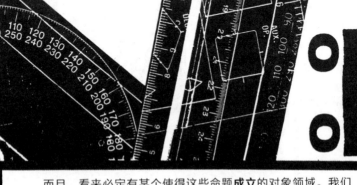

而且,看来必定有某个使得这些命题**成立**的对象领域。我们看不到这些对象——例如,你看不到所有自然数的集合——所以它们必定是**理想的**。

我们最终认为数学是这些"理想对象"的自然史。很多哲学家致力于寻求或创造这个水晶宫的基础。

在维特根斯坦对数学做出的很多评论中,他希望表明对数学的这种描绘纯属幻觉。这是因为,当我们反思数学的时候,我们忘记了我们看到的其实是一种投射,它反映了我们自己的决定及其产生的后果。

> 数学家是发明者,而不是发现者。

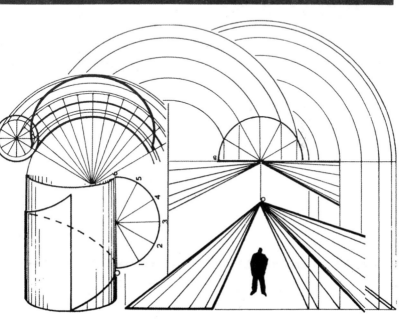

数学还没有在"集合论"或任何其他理论那里获得基础。它依赖于我们的*生活形式*。

假若我们是有智慧的地外生物,只是在光谱的红外线端部"看见",只靠蠕动来走动,更容易想象四维空间中的克莱因瓶而不是三维空间中的圆环面,并觉得不和谐音令人愉快,那么我们就会有一种不同的数学。

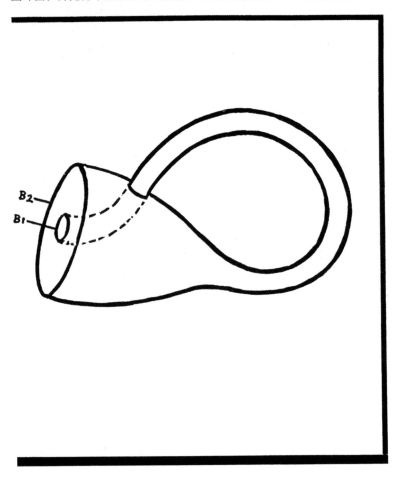

在我们的生活形式中,标尺不是有弹性的;儿童是在基础算术中被训练的,他们通过死记硬背而学会基础算术;某些模式(例如圆形、正方形、对称)令人难忘;周期性的现象和节奏吸引我们,音乐和数学是紧密相连的;等等。

数学有赖于我们生活的这些事实。

数学，就像游戏和语言一样，依赖于我们遵循**规则**的能力。

这里有一些例子。

在进行计算时，我们使用规则；在说话时，我们遵循语法和拼读规则；游戏涉及规则。

理性本身是由规则构成的，因为规则构成了人们*做事情的理由*。

最重要的是，规则及其应用是千变万化的。它们是一类案例。它们必须具有公共语境，在其中遵循规则才变得有意义。

我们必须学会注意意义的各种转化以及遵循某条规则的语境。

你在运动场上,眼睛被纱布蒙住,有人用手时而把你领到左边,时而把你领到右边;你对他用手拉你这个动作始终有所准备,而当他出乎意料地拉你时,你也会留心不要让自己绊倒。

维特根斯坦试图表明,数学依赖于正确地使用数学符号,依赖于遵循规则的细微差别。数学远远不是直上云霄的水晶宫,并有具体实在的基础,反而更像一块根茎,更像各种遵循规则的情形的混合体——这种混合体包含了各种微妙的转变,当我们从绳子的一根纤维移动到另一根纤维时,这种转变就会发生。

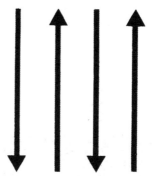

某人用手将你强制性地领到你不愿去的地方。

你在跳舞时被搭档引导。为了猜测他的意图并尽可能地少受压力,你让自己尽可能听对方的指挥。

某人带你去散步;你俩在交谈;他去哪里,你就去哪里。

你沿着野外的足迹走,只是跟随它。

内部的和外部的

当一个人具有思想和感觉时,在他"内部"发生了什么?

那个笑容背后是什么——还是说,那只是个假笑?

他真的爱我吗,抑或只是假装?

我真的爱她吗,抑或是在骗自己?

在尝试回答这些问题时，我们往往会描绘一个"内部世界"。

但是它在哪里呢？在头部？在大脑中？其内容是什么，思想、感觉和欲望？

但是人们并没有在大脑中发现思想或感觉。

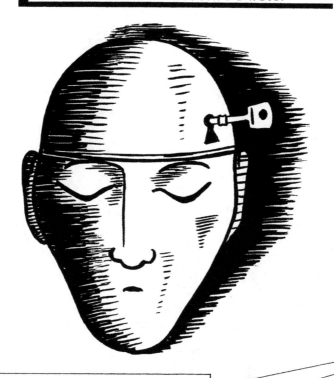

看来意识的内部世界是一系列私人经验，只有其拥有者才知道。

由此可见，我们只能推断其他人的内部世界。

这个心灵图景曾是很多心理学和心理分析所遵循的教条，现在则是维特根斯坦的诸多评论的靶子。

例如，如果我要观察自己的欲望，那么，为了观察它们，我想必已经知道了它们是什么。而我又怎能确信，观察它们不会改变它们？

而且，当其他人像我们一样谈论自己的意识内容时，我们又如何知道，他们指的是同样的东西？

显然，我们可以不让别人知道自己的思想、感觉和欲望。

我可能恨我的老板并希望他死掉，但我可能会认为不说出来更明智。老板可能从我不经意的微妙姿势中猜出点什么，但是我不会把自己的想法透露给他。

但是，对自己的思想和感觉保守秘密并不意味着我把它们藏在心中的某个地方。我只是没有把它们表达出来。

我们不能发现其他人心中想什么，这可不像我们能发现别人的口袋里有什么。

猜测你心中想什么的游戏与一种派对游戏没什么共同点——但是情人们能够玩这种游戏。何以如此呢？

情人们彼此**表达**想法和感觉。但是，在这样做时，他们的话语并不是内部状态的外部显现。

他们不是首先知道自己的想法或感觉，然后才把它说出来。

他们的想法和感觉是真诚的，因此在他们的话语和肢体的语言游戏中，他们的想法和感觉也会明白地向对方表露出来。

而在一个派对上，一个人会知道自己想了什么，不说出来，然后在别人猜测的时候或是加以承认，或者撒谎。

但是，其他人都不可能确切地知道我实际上想了什么，因为我们正在玩的是一个不同的语言游戏，与将想法真诚地表达出来的那个游戏不同。

当我们表达自己的想法和欲望时,它们并不是处于某个有待表达的内部世界之中,因此对于所要表达的东西,我们可以说得对,也可能说得不对。

例如,当我们表达对苹果的渴望时,我们不可能出错,不可能发现处于内部世界中的那个渴望实际上是对香蕉的渴望!

但是当然,就我们的感觉和欲望而论,我们经常会欺骗自己和他人。

但是,欺骗和假装不等于弄错内部世界中的东西。

我们可以说不知道自己渴望什么、想什么或者感觉到什么。这并不意味着我想要某个东西却不知道它是什么，而是意味着我尚未决定想要什么或感觉到了什么。

欺骗和决定的语言游戏与弄错"在心灵中"出现或不出现的东西的语言游戏是截然不同的。

再看一下疼痛的例子，我们就会更明白。

"感到疼痛"的经验并不是：存在着一个具有某个东西的"我"。

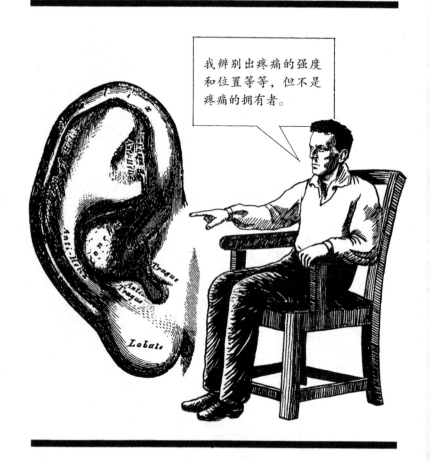

我辨别出疼痛的强度和位置等等，但不是疼痛的拥有者。

疼痛究竟是一种什么样的、无人**具有**的东西？疼痛根本就不属于任何人吗？

假如我说"我疼",我指的并不是那张将"我"这个词说出来的嘴。

我不可能弄错谁正在疼痛。

这样问是毫无意义的:"你怎么知道是你在疼痛?"

"我疼"这个短语是疼痛的信号,而不是对在我内部发生的疼痛过程的指称。

另一方面,"我很悲哀"这个表达式不是信号,而是对人类生活中某个特定模式的表达。

例如,我的悲哀可以在一首诗中表达出来。

第一人和第三人

第一人和**第三人**的概念是不对称的,这里有一些重要含义。

我们似乎知道自己的经验,但是我们只能通过推断来得知其他人的经验。

"我知道我疼痛"这个说法是一个合乎逻辑和有意义的命题,但是它其实不得要领,因为我既不是知道它,也不是不知道它!

知识与怀疑和确实、学习和发现、证据和确认相联系。而这些都不能应用到我自己的疼痛中。

但是,说"我知道他疼痛"就很有意义了,因为在这里我可以发现这个事实,也可以出错。

我们有一种很深的倾向，即按照我们对其他人的意识来塑造我们对自己的疼痛、欲望以及感受的意识。"**我**疼痛"和"**他**疼痛"这两个短语有类似的形式，但有不同的用法。

> 我们与自己的关系不是一种观察关系。如果我们疼痛，那么我们就**在**疼痛，但我们或许只能推断出其他人正在疼痛。

我们有时候可能不确信要如何称呼自己的感觉。

如果你慢慢地用一根针刺你的皮肤，在某个时候你会不确定，自己只是觉得不舒服，还是疼痛。

但是，你确信自己有这样一种**感觉**，而且没有进一步的证据会告诉你这种感觉究竟是疼痛还是不适。

稍后你可能会说，"我知道这**是**疼痛"，这个说法言之有理，因为这里的"知道"所针对的是这个**表达**，而不是感觉本身。

我们可以说："我知道我在想什么"或者"我知道自己感觉如何"，意思是说我知道自己处于什么状态。

因此，在一个派对上，某人夸张地称赞说……

在这里，我是在指我已经具有的想法，而不是在声称我**知道**自己正在想的东西。

通过仔细注意我们在彼此说话时所进行的语言游戏,就可以澄清对于"内部"和"外部"的无休止的困惑。

理解(understanding)不仅涉及直接知识,也涉及不可估量的证据。

假装的可能性、我们自己的某些独特的敏感和盲目、细微的姿势、时间——这一切都发挥着一定作用。

我们可以想想蒙娜丽莎的微笑,或者想想自己是如何将微笑与露齿而笑、嘲笑或者假笑区别开来的。

你能证明某个姿势是真实的吗?

你怎么知道某人看见你会觉得很高兴?

你怎么知道某人爱你?又怎么知道你爱他们?

并不是通过观察那种情感的强度。

在这里我们需要微妙的外部标准,因为爱是要用时间来检验的。

爱不只是我们能够鉴定出来的一种"感受"。

你能爱某人一小时,然后就对他感到完全"无所谓"吗?

内部的东西不是隐藏的，但是，我们在表达自己时所进行的语言游戏，是排除了确定性的。

内部的东西不是那种能够为心理学家所标出的绝对实在，而是一堆将内部的东西与外部的东西联系起来的概念，这些概念处于人类理解的核心。

如果我们确定地知道其他人感觉到的东西，如果他们的想法对我们来说是完全透明的，那么我们所熟知的这种人类生活就会停止。

20世纪的心理治疗已经宣称或是知道外部的东西（行为主义），或是知道内部的东西（心理分析）。

相比较，维特根斯坦的治疗所关心的与其说是知识，不如说是澄清那种内部的东西与外部的东西编织起来的语言游戏。

我们回应的是生活着的人，而不是那些表明他们具有人们想象出来的内部生活或外部生活的证据。

面相知觉

在维特根斯坦生命的最后几年,他讨论了**面相知觉**(aspect seeing)。如果我们看看鸭-兔之类的示意图,我们首先会把它看作(比如说)一只鸭子,然后面相发生变化,我们会把它看作一只兔子。或者,我们可以在拼图中看到一棵树,然后在树枝中发现一个贼。又或者我们可以看到一张面孔,然后看到它与另一张面孔相似。

在音乐中,我们听到某个音调,然后听到它跟鸟鸣相似,例如在"标题"音乐中就是这样。

在所有这些情形中,存在着一个悖论,因为在看面相变化的时候,我们在图形中看到了**不同的**东西,但是总体知觉尚未发生变化。

面相知觉揭示了感知、认知和解释的复杂性。

当我们看桌子、椅子以及我们所熟悉的其他物体时,我们并没有将它们**看作**一张桌子或一把椅子。我们看到桌子和椅子。

但是,如果在某人所生活的文化中,没有用来表示桌子的词,因为那个词对他们没有用处,而他的语言把我们所说的桌子称为"祭坛"。那么我们就可以说,我把它看作一张桌子,他把它看作一个祭坛。

但是,"它"是什么呢?

存在着一种能够与某个解释分离开来的纯粹感觉印象或*内在图像*吗?

"感觉 vs 思想或解释"这样的古老范式真的有用吗?

> 我看一只动物,然后有人问我:"你看到了什么?"
> 我回答说:"一只兔子。"
> ——我看风景;突然间有一只兔子跑了过去。我惊叫道:"一只兔子!"

这两种反应——讲述和惊叫——都是对知觉和视觉经验的表达。但是,惊叫是在与讲述不同的意义上成为对知觉和视觉经验的表达。它是我们被迫发出的。它与视觉经验相联系,正如喊叫与疼痛相联系。

当我们喊道"那是一只兔子"时,我们是在表达某个经验。

这要与日常知觉相对比——在日常知觉中,我们描绘或讲述我们看到或听到的东西。

我们理所当然地认为,我们碰到的对象属于某一类,我们知道自己与它们的关系。

在面相知觉中,我们表达某个经验。

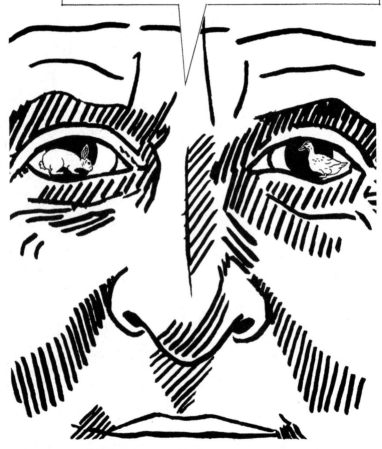

有很多体验面相的方式。它们的共同点在于这样一种表达:"现在我把它看作**那个**东西";或者"现在我用**这种**方式看它";又或者"现在它是**这个**东西——现在它是**那个**东西";抑或"现在我把它听作……;不久前我把它听作……"。

但是,在不同的情形中,对于"*那些*"(*thats*)和"*这种方式*"(*this ways*)的说明是完全不同的。

当我们看到某个面相并惊叫的时候,我们不是在描述某个经验,而是做出某个自发性的言语姿势,后者是对那个经验的主要表达。

所以,并不是**首先**有对某个东西的"看"(seeing),*然后*才有对它的解释。

对已经看到的东西的**讲述**不同于对某个视觉经验的**表达**,但这并不意味着面相知觉是一种在正常知觉"之上"发生的解释。

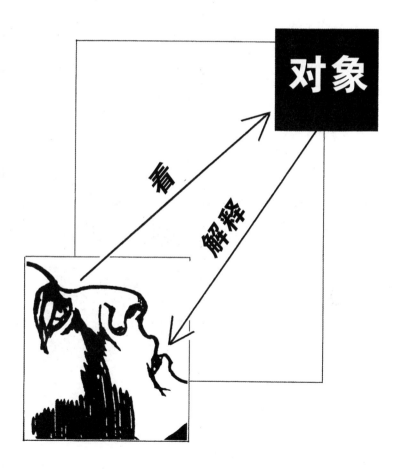

意义盲点

面相知觉的重要性部分地在于,**词语**可以是面相知觉的焦点。因为词语可以用不同的方式**意指**。双关语和文字游戏都是例子。

所以就有下面这个例子:

> They went and told the sexton. And the sexton tolled the bell.
> (他们去告诉教堂司事,教堂司事就去鸣钟。)
> 注:told 和 tolled 发音相同,含义不同。

或者:

> He bolted the door and his dinner.
> (他闩上了门,匆忙吃下晚餐。)
> 注:bolt 既有闩门之意,也指囫囵吞下。

或者:当美库西奥(Mercutio)因流血过多即将死去时,莎士比亚让他说道……

"明天来找我,你会发现我是一个严肃的人 / 墓穴中的人(grave man)。"

维特根斯坦喜欢在信件中使用双关语。

一个具有意义盲点的人无法体验到这些双关语的双重意义。

他每次只能理解一个意义,因此这种人很无趣。

他就像一个没有幽默感的人。他能理解对一个笑话的解释,但不会笑。

他能听音乐,但没有对音乐的感受力。

他能推导出一幅图像所表达的东西,但无法直接将图画看作它所描绘的对象。

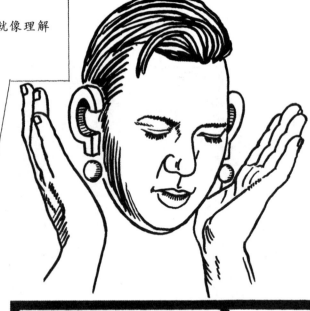

理解语言就像理解音乐。

语言能够传递信息,而音乐不能,但二者都是表现性的,都要求微妙的回应来传递理解。这些回应并非取决于明确的规则,而是取决于能否恰当地回应面相,回应它们之间的差别与相似之处。

词语的声音、它们的关联及其面相和历史,在表达意义方面都很重要。

看看"朋友""同志""伴侣""伙伴""老兄"这些词。它们都有类似的意义,但具有非常不同的面相。如果女王在演讲中将其"朋友(friend)"称为"老兄(buddy)",那听起来就很奇怪了。

我们能够体验词语的意义,并因而能够创造性地使用语言。

当一个词在其通常的语境之外被使用时,新的意义就被创造出来了。

在描绘我们的感觉时,有一件事情很重要,即:使用合乎场合的词语,并赋予它们新的用法。

诗歌在很大程度上就依赖于这种能力。一个具有意义盲点的人无法欣赏诗歌。

具有意义盲点的人既不是缺乏某种感觉经验,也不是缺乏言说和解释的能力,他所缺乏的是一种**敏感性**。他无法体验意义。

具有意义盲点的人已经无法接触作为某种表达媒介的语言。

他能说自己想说的东西，但无法体验到某些姿势的意义，而这些姿势对于表达我们的经验来说是必不可少的。

他注定是在过一种贫乏的内在生活。

我对他的态度是对待灵魂的态度。我不是在**主张**他有灵魂……人的身体就是人的灵魂的最佳图像。

如果一个人可以被恶言所伤害、被微妙的东西所迷住、具有幽默感、因为悲哀的故事而感动、害怕死亡，那么我们就可以说他具有"灵魂"。

人类共同的反应和姿势构成了与"灵魂交流"相关的语言游戏的基础。

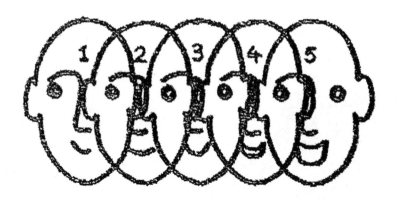

如果某人在"微笑"的时候只有五种面部变化，而且，在面部发生变化的时候，是从一种直接跳到另一种，那么我们或许就不能像回应一个微笑那样来回应他，而且，我们可能很想知道他究竟有没有灵魂。

即使狮子能开口说话，我们也无法理解它。

嗨，伙计！

因此，如果在动物园喂食的时候它喊道"嗨，伙计！"，我们就会不知道要如何接它的茬儿，哪怕它说的是正确的英语——因为我们并不分享它的生活形式。

只有一只长得像人的狮子（例如在卡通漫画中）才会言之有理。

确定性

在维特根斯坦生命的最后两年,他知道自己时日无多,就以确定性为主题来进行写作。

在西方传统中,哲学家们已经假设,我们的知识立足于那些必须被认为是自明的基础之上。若做不到这一点,整个知识大厦可能就是不确定的,全盘的怀疑论就会占据上风。我们甚至不会知道自己是不是在做梦。

笛卡尔的命题"我思,故我在"(*cogito ergo sum*)就是一个被认为达到了基岩(bedrock)的著名例子。

G.E. 摩尔(G.E.Moore)是维特根斯坦在剑桥的哲学教席的前任,他已经尝试缓和对一切知识的怀疑论的质疑——为此,他在课堂上举起双手,用适宜的姿势说道……

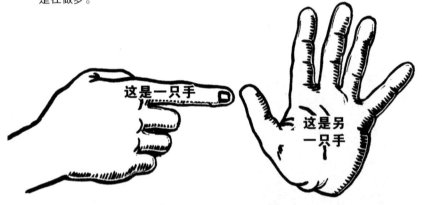

然后由此推断说,他确切地知道**存在着**外在于心灵的东西。他不是在做梦。

在收入《论确定性》(On Certainty)这部著作的评论中,维特根斯坦对摩尔的结论提出质疑。

摩尔得出了他宣称确切地知道的命题。有很多这样的命题,比如说,"我是一个人","我坐在桌前写作","我没有去过火星","我活着","在我出生前,地球已经存在很长时间了",等等。

在正常情况下,这些命题既不需要添加备注,也不会遭到怀疑。

> 在例外的情况下,它们或是需要添加备注,或是会受到怀疑。因此,可能大多数人都曾**访问过**火星。极为沮丧的人有时会说自己死了。人们有时会觉得自己不是人,等等。甚至哲学家的问题也是有条件的。

我与一位哲学家坐在花园中:他指着周围的一棵树,再三说道:"我知道那是一棵树。"另一个人走过来听见了,我告诉他:"这家伙并没有精神失常。我们只是在做哲学。"(《论确定性》467)

现在,通常情况下,当我们说我们知道某个东西时,我们能够给出令人信服的理由。但是,当一个哲学家说他知道自己正在举起面前的手时,他所能给出的理由不如他想要用理由去支持的东西那么确凿。

我有两只手,不管我看不看它们,这个事实都同样确凿。

如果某人说,"我相信那只是让你觉得你知道自己有两只手",那么我们如何回答他呢?

因此,在这些情况下说"我知道"并没有什么意义。

我们的目的,肯定是要避免用"我确实知道(那是一只手或一棵树)"这个说法来反击如下断言:一个人无法知道(那是一只手或一棵树)。

我们必须在以下二者之外另辟路径:一方面是怀疑论者对于我们是否从根本上知道任何东西的怀疑,另一方面则是摩尔的教条主义——他宣称我们确实确切地知道基本的东西。

河床命题

我们一直在讨论的基本命题被称为"河床命题"（river-bed propositions）。在日常交流中，它们被看作是理所当然的，而且创造了我们的日常行为的框架。

它们表达了我们的询问和学习实践所依靠的稳定背景，尽管这个背景并不是固定不变的。

例如，儿童在能够使用"知道""相信""确信"这些词语之前，必须参与某个活动、某个语言游戏。

儿童在能够理解书本和椅子这些东西是否存在、是否确定很久以前，就能拿起书本、坐在椅子上了。

但是，我们可以说儿童*知道*一棵树存在吗？

儿童*相信*牛奶存在吗？或者*知道*牛奶存在吗？

猫知道老鼠存在吗？

维特根斯坦很喜欢歌德的一个说法，即"行为在先"（"in the beginning was the deed"）。对于概念的形成和知识的后续发展来说，至关重要的不是知识，而是最初的行动和反应。

河床命题不属于日常交流的"交通工具"，而是日常交流必须预设的东西。它们并不构成传统哲学家一直在寻找的知识基础。它们是一种不断变化的多样性——一种根茎——的隐藏部分，而不是一套将知识确立起来的固定的基础信念。

维特根斯坦特别喜欢列夫·托尔斯泰的短篇小说《三隐士》（收录在 1886 年出版的《二十三个故事》[*Twenty-three Tales*]中）。对他来说，这篇小说阐明了哲学问题的深度和严肃性。

一个游历的主教看见一位渔夫指着……

主教只能辨认出波光粼粼的水面。

最终，他看见了那座岛，请求去上面拜访几个小时。

他发现三个举着手的老人。一个矮小,总是面带微笑。第二个略微高大强壮,和蔼可亲。第三个高大严厉。

主教笑了,花费剩余时间试图教会他们祈祷,"主啊"。

主教回到船上，起航而去。天黑之时，他坐在船尾盯着大海，那座岛在海面上消失了。

突然间，他看到一道白色的东西，在明亮的路上闪闪发光，在那里，月光投射在水面上。

那道光芒迅速闪现、越来越近，最终他看到，那是在水面上滑行的三位隐士。

延伸阅读

维特根斯坦的著作

《**逻辑哲学论**》(*Tractatus Logico-Philosophicus*, Routledge and Kegan Paul, London 1961)是维特根斯坦生前出版的唯一一部哲学著作,它使用了逻辑符号,因此对普通读者来说有点难。比较好理解的是他的《**哲学研究**》(*Philosophical Investigations*, Oxford: Blackwell, 1958)。他对文化、艺术、历史和宗教的想法收集在极具可读性的《**文化与价值**》(*Culture and Value*, Oxford: Blackwell, 1980)中。《**论确定性**》(*On Certainty*, Oxford: Blackwell, 1969)是他去世前一年撰写的一个笔记集,也很有可读性。还有很多其他的笔记集,内容涉及数学、心理学、颜色、人类学以及逻辑。也有一些课程讲稿(由学生记录下来)和书信集。

关于维特根斯坦的著作

有很多论述维特根斯坦思想的著作。肯尼的《**维特根斯坦**》(A. Kenny, *Wittgenstein*, Penguin, 1973)是一部很好的正统论述。舒尔特的《**维特根斯坦导论**》(J. Schulte, *Wittgenstein: An Introduction*, State University of New York Press, 1992)大概是迄今为止最好的入门读物。想要弄清楚《**逻辑哲学论**》的读者,可以看看蒙斯的《**维特根斯坦〈逻辑哲学论〉导论**》(H.O. Mounce, *Wittgenstein's Tractatus: An Introduction*, Oxford: Blackwell, 1981)。

贝克和哈克的《**维特根斯坦:对〈哲学研究〉的分析解读**》(G.P. Baker and P.M.S. Hacker, *Wittgenstein: An Analytic Commentary on the Philosophical Investigations*, Oxford: Blackwell)是一部四卷本、两千多页的研究!清晰可读,但只适合对维特根斯坦抱有极大热情的读者。

卡维尔的《**理性的主张**》(S. Cavell, *The Claim of Reason*, Oxford: Clarendon Press, 1979)是一部富有思想性的论著,探讨了维特根斯坦与怀疑论、道德以及悲剧的关系。

斯塔滕的《**维特根斯坦与德里达**》(H. Staten, *Wittgenstein and Derrida*, Oxford: Blackwell, 1985)讨论维特根斯坦与解构的关系。

伏龙吉亚和麦吉尼斯的《**维特根斯坦:书目指南**》(G. Frongia and B.

McGuinness, *Wittgenstein: A Bibliographical Guide*, Oxford: Blackwell, 1990）是到1990年为止研究维特根斯坦的所有文章的指南。

传记

维特根斯坦的个性极具魅力，很多回忆录已经写成，很多诗作、绘画和音乐也受到了维特根斯坦的启发。

最著名的回忆录是马尔康姆的**《回忆维特根斯坦》**（Norman Malcolm, *Wittgenstein: A Memoir*, Oxford University Press, 1984）。**《维特根斯坦的侄子》**（Thomas Bernhard, *Wittgenstein's Nephew*, Quartet Books, 1986）是一位当代小说大师撰写的小说，值得一读。

最好的维特根斯坦传记是瑞·蒙克的**《维特根斯坦传：天才之为责任》**（Ray Monk, *Ludwig Wittgenstein: The Duty of Genius*, London: J. Cape, 1990），该书也极具可读性。

布莱恩·麦吉尼斯的**《维特根斯坦的生活：年轻的路德维希（1889—1921）》**（Brian McGuinness, *Wittgenstein: A Life. Young Ludwig (1889-1921)*, Penguin, 1988）很好地论述了《逻辑哲学论》及其与维特根斯坦的生活之间的关系。

为了把握维特根斯坦思想的广度，读者应该去阅读陀思妥耶夫斯基的**《卡拉马佐夫兄弟》**和弗雷格的**《算术基础》**，维特根斯坦对这两本书烂熟于心。

致谢

本书是一块根茎,整理了从维特根斯坦的土壤中生长出来的各种种子。因此,很多人都在无意中对它做出了贡献。我本想提及维特根斯坦著作的各个译者和评注者,但名单太长难以列举。不过,我应该提到哈克(P.M.S. Hacker)、麦吉尼斯(B. McGuinness)、卡维尔(S. Cavell)以及温奇(P. Winch)。感谢位于库克斯港的 Junghens-Verlag 出版社允许我复制该社出版的《**维特根斯坦与叔本华**》(E.M. Lange, *Wittgenstein und Schopenhauer*, 1989)一书中的图表(见本书第 29 页);感谢迈克尔·汉布格尔(Michael Hamburger)——格奥尔格·特拉克尔的诗作《格罗代克》的译者,我引用了这首诗的一部分。

约翰·希顿

朱迪·格罗夫斯感谢奥斯卡·扎拉特(Oscar Zarate)、约瑟芬·金(Josephine King)、鲁宾·克努森(Reuben Knutson)以及霍华德·彼特斯(Howard Peters)在图片研究和插图方面所给予的帮助。

索引

absolute 绝对的 53
aspect seeing 面相知觉 150-155

Carnap, Rudolf 鲁道夫·卡尔纳普 68
causality 因果关系 48
certainty 确定性 164-166
conceptual relations 概念关系 36
contradiction 矛盾 43-44
critique 批评 39

Darwin, Charles 查尔斯·达尔文 118-120
depth grammar 深层语法 90
desires 欲望 136-137

ethics 伦理学 48-55
existence 存在 55
existential truths 存在真理 35

facts 事实 55
    definition of 事实的定义 32-34
family resemblances 家族相似 125-127
feeling 感觉/感受 134-149, 159
first person 第一人 144
form 形式 41
Frege, Gottlob 戈特洛布·弗雷格 10

happiness 幸福 50-51
Hitler, Adolf 阿道夫·希特勒 7
homologous form 同源形式 41

illusion 幻觉 90
inner/outer persona 内部/外部的人格面貌 134-149

Keynes, J.M. 凯恩斯 15, 69

language 语言 32-37

ambiguity 歧义 89-91
    language games 语言游戏 110-123, 126-127, 139, 148-149
    and life 语言与生活 83
    limits 限度 40
    and thought 语言与思想 102-103
logic 逻辑 42-43, 92
    flawed 有缺陷的逻辑 66
    mathematical 数理逻辑 10-11
logical 逻辑的
    picture 逻辑图像 41
    space 逻辑空间 32
love 爱 122-123

magic 魔法 121-123
Malcolm, Norman 诺曼·马尔康姆 75
Marxism 马克思主义 66
mathematical logic 数理逻辑 10-11
mathematics 数学 128-133
meaning blindness 意义盲点 156-163
Moore, G.E. 摩尔 12, 17, 164

names 名字 36
non-existential truths 非存在真理 35

objects 对象，物体 36-37
On Certainty《论确定性》165
origins 起源 118-121

pain, feeling 觉得疼痛 142-143
perception 知觉 152-154
persona 人格面貌 134-149
Philosophical Investigations《哲学研究》81
Philosophy 哲学
    and critique 哲学与批评 39
    defined 哲学的定义 82
    purpose 哲学的目的 38

and science 哲学与科学 38-40
Pinsent, David 大卫·平森特 15
pointing 指，指着 114-116
propositions 命题 36, 40, 44
 flaw in 命题的缺陷 66
 也可参见"河床命题"
psychology 心理学 51

reality defined 实在的定义 34
reflection 反思 92
Richards, Ben 本·理查茨 72
river-bed propositions 河床命题 167
rules 规则 132
Russell, Bertrand 伯特兰·罗素 11-14

Schlick, Moritz 莫里茨·石里克 67
science and philosophy 科学与哲学 38-42
self 自我 45-47
sensations 感觉 146
Skinner, Francis 弗朗西斯·斯金纳 72
solipsism 唯我论 45-47
soul 灵魂 161-162
space 空间 40
Sraffa, Piero 皮耶罗·斯拉法 66
states of affairs 事态 34
subconscious mind 潜意识心灵 136-141

taking for granted 看作理所当然 86
tautology 重言式 43-44
therapy 治疗 84-88
 of illusion 对幻觉的治疗 90
thinking 思考 92-109, 134-141
third person 第三人 144
thought 思想／想法 41-42, 46-47
 and language 思想与语言 102-103
 reporting 讲述想法 104-105
time 时间 40
Tolstoy, Leo 列夫·托尔斯泰 19, 168-171
Tractatus《逻辑哲学论》26, 80, 84

truth 真理，见"实在的定义"
truths, non-existential 非存在真理 35

understanding 理解 148

Vienna Circle, The 维也纳学派 67-68
visual experience 视觉经验，见"知觉"

War, First World 第一次世界大战 18-24
 effect on W.'s work 第一次世界大战对维特根斯坦工作的影响 23, 30-31
War, Second World 第二次世界大战 73
Wittgenstein 维特根斯坦
 bravery awards 因勇敢而获奖 23
 at Cambridge 在剑桥 11
 childhood 儿童时代 2-7
 degree 学位 17, 69
 death 去世 76
 diary extracts 日记摘录 21, 22, 23
 falls in love 坠入爱河 64, 72
 father dies 父亲去世 20
 first book 第一本书 10
 illness 患病 76
 inherits money 继承家产 20, 58
 in Ireland 在爱尔兰 74
 and music 与音乐 5
 in Norway 在挪威 16-17
 personality 个性 77-79
 poets, supporting 赞助诗人 20
 prisoner of war 沦为战俘 24
 resigns professorship 辞去教职 74
 student 学生 8-9
 teaching 教学 58-62, 73-74
 methods 方法 70
 in USA 在美国 75
 war, effect on W. 战争对维特根斯坦的影响 18-24, 73
words 词语 156
 analyzing 分析词语 124-125；也见"语言"

图画通识丛书

第一辑

伦理学
心理学
逻辑学
美学
资本主义
浪漫主义
启蒙运动
柏拉图
亚里士多德
莎士比亚

第二辑

语言学
经济学
经验主义
意识
时间
笛卡尔
康德
黑格尔
凯恩斯
乔姆斯基

第三辑

科学哲学
文学批评
博弈论
存在主义
卢梭
瓦格纳
尼采
罗素
海德格尔
列维-斯特劳斯

第四辑

人类学
欧陆哲学
现代主义
牛顿
维特根斯坦
本雅明
萨特
福柯
德里达
霍金